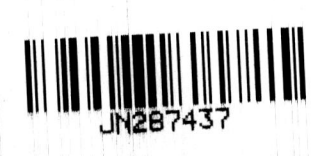

あなたが変える
庭遊び

創造性はぐくむ
園庭遊具

東間掬子

Sympathique Café
サンパティック・カフェ

も　く　じ

はじめに

PART1　楽しく身体活動が広がる遊具
──いろいろな使い方ができる固定遊具──　5

1　ハンモック・小（作り方）　6
2　なわジャングル（作り方）　8
3　パンチバッグ（作り方）　10
4　だっこおばちゃん（作り方）　12
5　安全吊り輪（作り方）　14
6　ターザンロープ（作り方）　16
7　登りなわ（作り方）　18
8　足掛けロープ（作り方）　20
9　テント張り（作り方）　22
10　渡りなわ（作り方）　24
11　なわぶらんこ・小・鉄棒用（紹介）　26
12　なわぶらんこ・大（紹介）　28
13　スーパーネット（紹介）　30

PART2　小集団の遊びが発展する遊具
──創造性・社会性が育つ可動遊具──　33

14　畳表のパーツ（作り方）　34
15　バスマット（紹介）　36
16　第三の遊具・マルチパーツ（紹介）　38
17　ウッドブロック（紹介）　40
18　ウッドピース（紹介）　42
19　板・長・短（作り方）　44
20　ドラムカン（紹介）　46
21　特注　ドラムカン（紹介）　48
22　ベンチ（紹介）　50
23　使いやすいタイヤ　52
24　腰掛け・おけ・木の枝　54
25　その他の遊具について　56
26　クッション築山（紹介）　58

27　木製の家（作り方）　60
28　日よけ・遊び場（作り方）　62

PART3　なわの取り扱い方　65

1　なわの特性と危険の防止　66
2　なわの結び方、つなぎ方　68
（1）結び方
（2）編み止めの方法
（3）吊りなわ（パーツ）の作り方
（4）カラビナについて

PART4　遊具環境を活かす保育の方法　73

1　保育方法　74
（1）おとなのかかわり
（2）大切な置き方
2　安全について　75
（1）新遊具の導入にあたって
（2）落下物の防止
（3）“転落”の防止

あとがき

紹介遊具の取扱先

カバーデザイン／ピンギーノス
カバーイラスト／山下雅子
本文イラスト／蓮たつみ（杉並区・保育士）

はじめに

日々新鮮で、多様な遊びを力いっぱい広げられる庭にしよう！

◆園の周辺は都市化が進み、自然の遊び場は遠くなっています。
保育も長時間化し、外遊びの時間帯の殆どを子どもたちは園で過ごすようになりました。限られる時間と場所の中で、庭で遊ぶことの重みはますます増しています。
しかし、現状は三輪車の奪い合い、ぶらんこには行列、固定遊具から降ろされる乳児など、遊ぶ姿はいぜんとして同じようです。
その原因は発達に合わず、おもしろみの少ない遊具環境が変わらないからでしょう。新環境の実現は不可能でしょうか。
せまい庭だからこそ今、精一杯の活用を試みる時と思います。
このような必要に迫られ、研究と平行しつつ始めた私たちの実践が15年たちました。
主な研究が、「固定遊具の活用と、可動遊具の多種取り入れ」です。
この結果、せまい庭や低予算でも、子どもの遊びは変えられる、という手ごたえを感じ始めています。
実践した環境づくりはむずかしくはないので、本書をとおして、工夫導入した遊具等の作り方、遊ばせ方等、その内容をお伝えしたいと思います。

◆本書ではPART１に入る前にPART３からお読みいただけると、なわの種類、結び方が書いてあるのでよりわかりやすいです。

〈実践の内容〉

第一の目的　固定遊具をもっと楽しく、安全に使ってみたい。
　ぶらんこは、安全なものを作ってみる。その他の遊具も、もっといろいろな活用法を考えたい。

第二の目的　庭から〝遊具の取り合い〟のトラブルを、なくしたい。
　庭で数十人遊ぶとして、その人数を吸収できる遊び場の実現が可能な環境整備（場所を取らない遊具をたくさん導入するなど）をする。

第三の目的　子どもには楽しく、保育は質の高い遊びを追求しよう。
　何人かで創造物を作って遊び、作り替えてまた遊び、というように、自発的に試行錯誤を重ねて発展していく遊びを追求したい。考えつつ創るから創造性、協力するから社会性が育つという遊具およびその環境をを工夫してみる。

PART 1　楽しく身体活動が広がる遊具

―いろいろな使い方ができる固定遊具―

1. ハンモック・小（作り方）

◆子どもが３～４人入れるくらいの大きさです。
揺れたり、広がったままの設定は、どちらでもかまいません。
低い場所に付ければ、乳児も楽しめます。
このハンモックに体を沈めると、まるで天使に抱きかかえられているような良い気分です。

☆材料
・ネット（カラスよけなどに使われる緑色の化繊製品）
・90㎝幅を３ｍ。マス目が４㎝のもの。それ以下は繊維も細くなるので破けやすい。
・クレモナロープ（太さ直径10㎜）
ネット回りには約７ｍ、さらに四隅に取り付ける４本分が必要。

☆作り方（PART3　参照）
・本体
ネットは二重にたたみ、回りを網目一つ分だけ一回折り込む。
折り込みの網目にネットがたるまないように、よく伸ばしながら一つおきになわを通す。四隅には、なわを一回結び、ゆるみを持たせる。
・四隅に付ける「取り付けなわ」
設置場所に合わせて長さを決める。
固定遊具などへの取りつけには、「ふた結び」で結び付ける。
カラビナ止めにすれば、さらに丈夫。

周りにゴザや板、玩具を持ち込み遊びが展開

☆設置場所
・鉄棒などの固定遊具の間
・固定遊具と、丈夫なフェンスの支柱の間
・たいこばし、など

◎要点
・子どもの体重を楽に支えられる、安全な設置場所を選ぶこと。
・３～４人入れる大きさのため、自然に小集団が発生することが多い。
・ネットは１～２年で破れるので、丈夫さではスーパーネットが適している。

ハンモック完成図

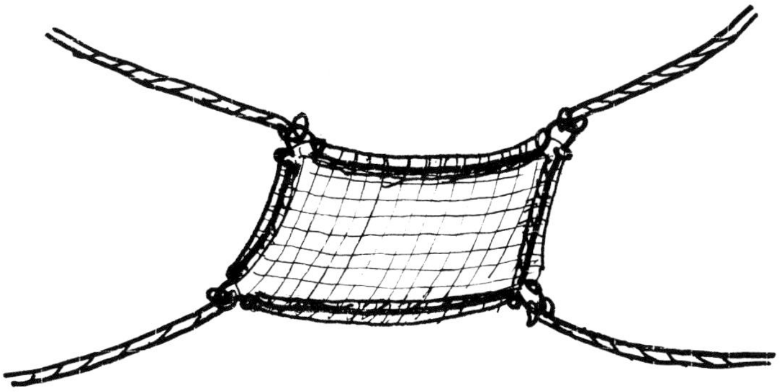

「取り付けなわ」は「カラビナ止め」
または二～三重巻きつけてから「ふた結び」

1、 本体の作り方

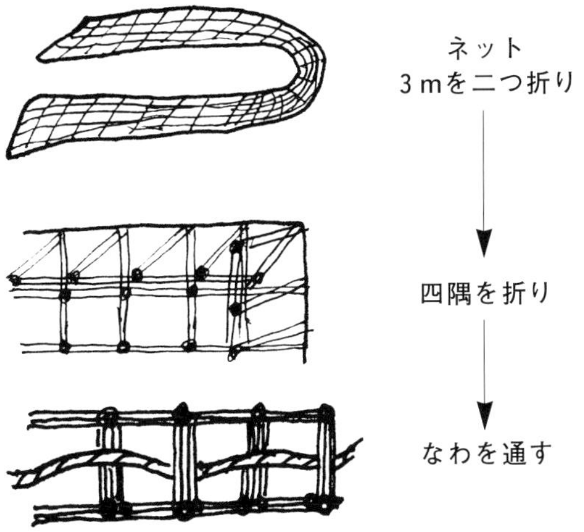
ネット
3ｍを二つ折り
四隅を折り
なわを通す

2、 四隅の作り方

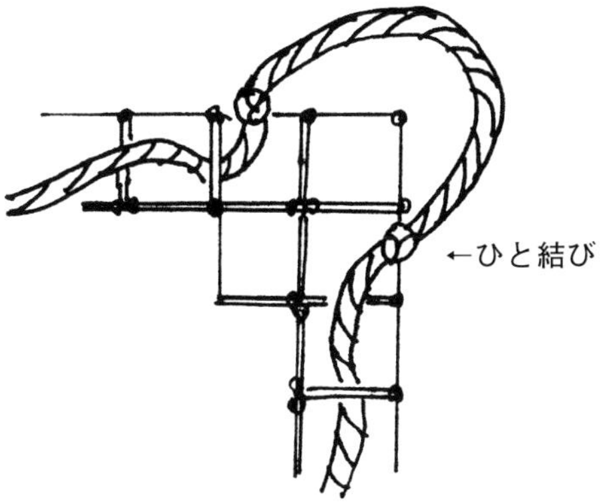
←ひと結び

「ひと結び」「ひばり結び」でなわを付ける
↓

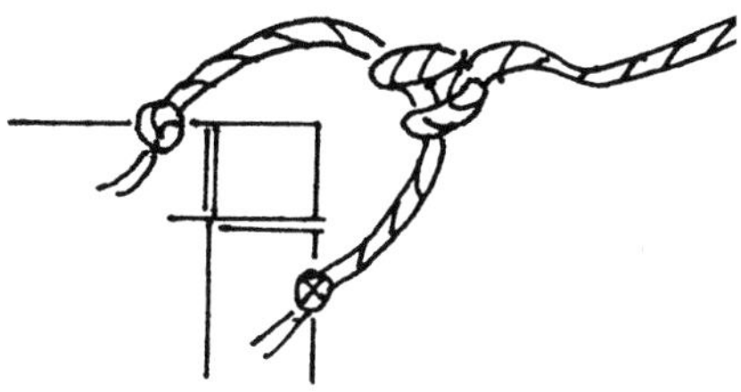

3 、カラビナ使用の取り付けなわ

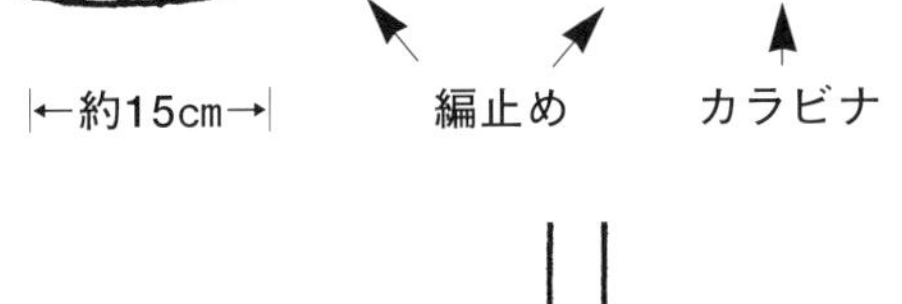
←約15cm→
編止め
カラビナ

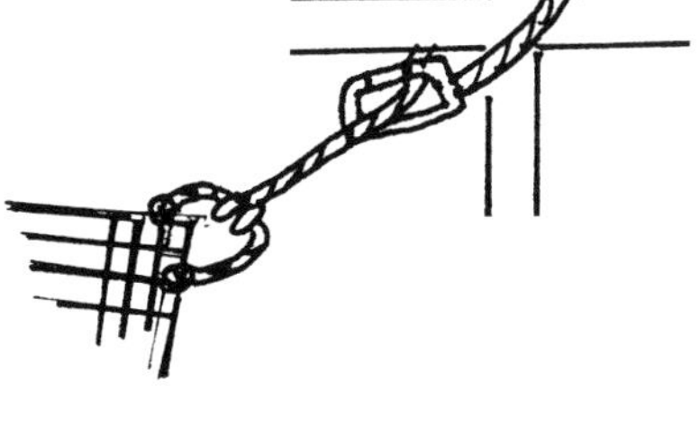

「ピース！　だれも来ないで！　気分最高なんだから」
（鉄棒とプールの柵を利用して吊る）

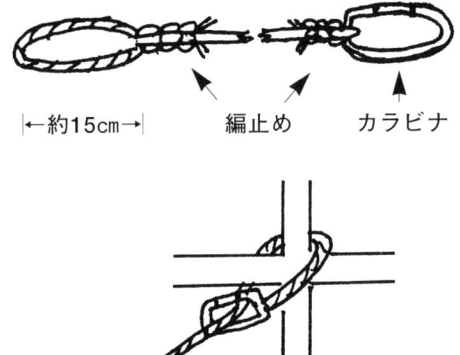

2. なわジャングル（作り方）

**◆子どもの発達に遊具が合っている、これが本来の遊具と思います。だから「登りたい！」という１～２歳児の力に合わせたジャングルを作ればいいのでは。
地上１ｍ、３段だけのジャングル、とっても喜んで登りますょ！
もちろん、大きい子も使います。**

☆材料
・クレモナロープ
　縦の部分用（太さ直径16㎜）
　横の部分用（太さ直径12㎜）

☆作り方（PART3参照）
・縦なわの部分
　16㎜のなわを使用する。
　上部は直径14㎝の輪。中部は下から30㎝ごとにタンコブを３個結ぶ。
　下部は「編み止め」または「ひと結び」で処理。
　上部を横棒に「ひばり結び」でくぐらせる。
・横なわの部分
　12㎜のなわを使用する。
　端は縦の支柱に結びつける。
　真ん中は、下げてある縦なわのタンコブの上に「ひと結び」する。

縦なわの部分

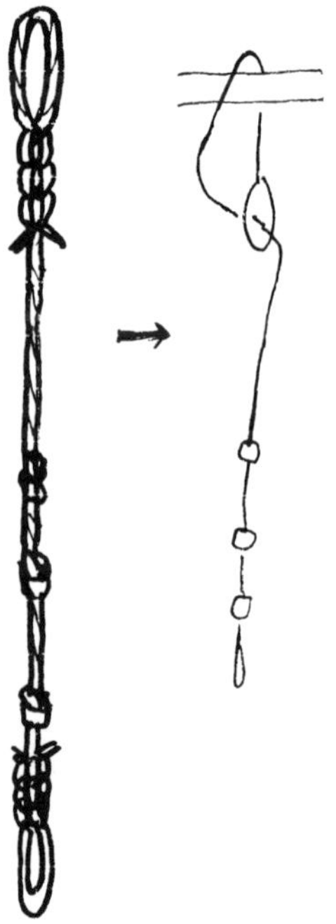

☆設置場所
・角型登り棒
・登り棒

◎要点
・なわは、できるだけピンと張ったほうが登りやすい。
・なんといっても、１～２歳児の“登り”に使わせたい。
　それには地上から横段を３段、高さ１ｍていどが良さそう。
・角型登り棒の良いところ
　横段がスクエアになるので、登れば相手と顔が合い、楽しい。「登り」ばかりではなく、そばに小さいござや板、可動遊具を運び、遊びが広がっていきます。子どもの呼び込み場所にもなるようです。

横なわの部分

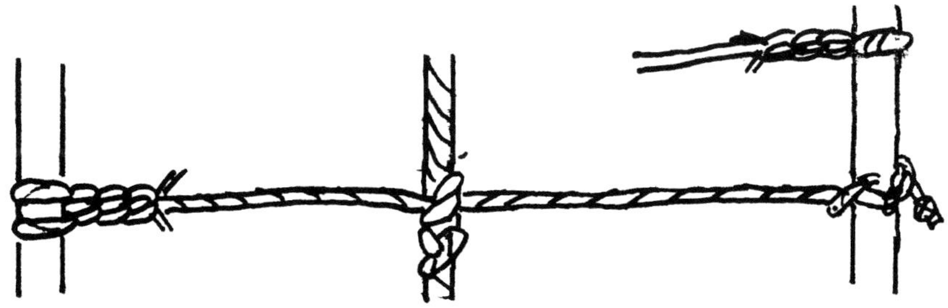
ひばり結び・編み止め
ひと結び
編み止め、または
ねじりひと結び

六角登り棒は半分使用する

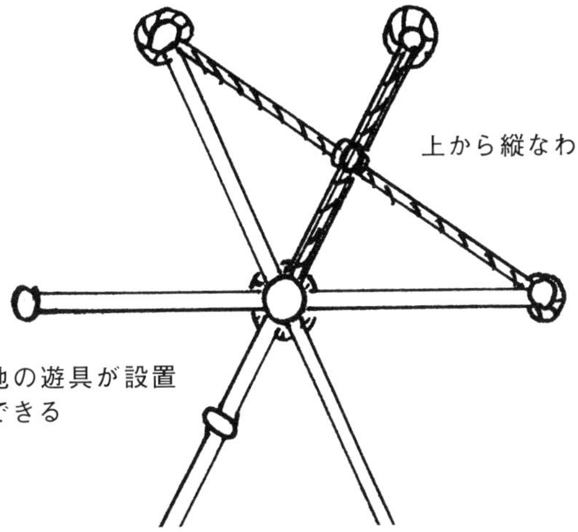
上から縦なわが下がる
他の遊具が設置
できる

ここまでしか 登れないから 安心

ほんとは1歳児が登るのに…。5歳児も喜々としてやる（平行登り棒のなわジャングル）

3. パンチバッグ（作り方）

◆枕の材料を袋に入れ、なわで吊るすだけです。
パンチの感触が良いらしく、喜んだり本気になったりしてたたき続けます。２歳児までもが！
担任からは、「暴力トラブルがなくなった」と。
それ本当？

☆材料

・ビニールのストローをこまかく切った（パイプ）枕の材料（袋入り）
・クレモナロープ（太さ直径12㎜。長さは、結んで吊るす丈に、タンコブ分約30㎝を加える）
・袋の口を結ぶなわ（太さ直径３㎜～５㎜約50㎝）
・縫った布袋（出来上がり30㎝×60㎝、ベルト通し付き）

☆作り方
・枕の材料を入れた袋を、布袋の中に入れる。
吊るすなわは、端に大きなタンコブを結び、布袋の中に入れてから、細いひもを外側のベルト通しに何重かに巻いて堅く結ぶ。

☆設置場所
・木の枝
・ぶらんこの支柱横棒
・たいこばし
・屋内では、天井のフックや戸をはずした鴨居、など

◎要点
・吊る高さは、子どもの頭の上くらいが良いようです。
・子どもがぶら下がっても、大丈夫にするためには「だっこおばちゃんの作り方」（P.12）を参照してください。
・枕の材料のそばがらは、アレルギーの関係で敬遠しました。また、スポンジでは、たたいたときのずっしりした感触にひとつ乏しいようです。
おとながパンチして実感してみて！

「パンチしたい」こんな顔に作りました

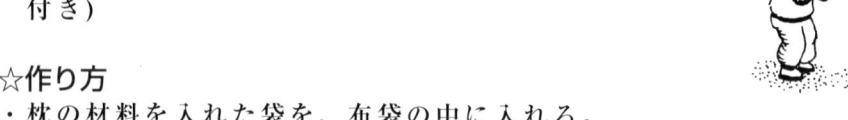

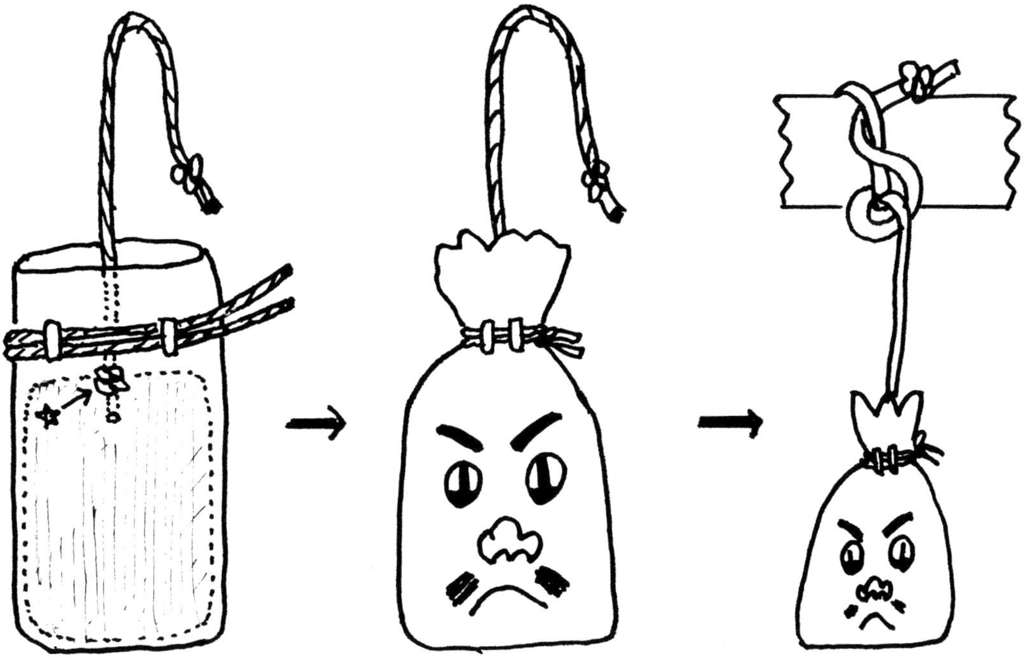

↑
枕の中味を入れる
大タンコブを結ぶ

袋の口は細いなわで
何重にも巻いて結ぶ

ひと結びしてから
タンコブをねじり込む

笑って打つ子、真剣な顔で打つ子、思いはさまざま
（4歳児）

4．だっこおばちゃん（作り方）

◆パンチバッグを吊るしたら、抱きついたり、
肩車しちゃったりする子が、ぞくぞく出てきました。
あーそうか、おとなの体にしがみつく子どもの心理。
それじゃあ、というわけで「おいで」と手を差し伸べる
“だっこおばちゃん”を登場させました。
パンチバッグと同様、大人気です。

☆材料

・なわ（太さ直径12㎜。長さは、吊るす分と結ぶ分に約130ｍが必要）
・布（70㎝～90㎝幅を長さ80㎝）
　中袋、外袋、底の分となる
・丸い木の板（厚さ12㎜、直径16㎝）
・中身（スポンジの切り落とし、またはポリ製の枕の中身）
・古い浴用タオル２本（ウエスト部分に使用）
・カラビナ（パイプの太さ直径10㎜）１個

☆作り方

・外袋の布にアップリケ、ベルト通しをつけてから、袋縫いで袋に縫う。
・中袋の底と板になわが通るくらいの穴を５ヵ所あけておく。
・板と中袋の底からタンコブを作ったなわ５本を通して、長い真ん中のなわに他の４本を編み止めする。
・中袋の半分までスポンジを詰め込んだら、タオルを巻きしばる。中袋の残り半分にスポンジを入れ、袋の口を縫う。
・外袋をかぶせ、口の分を細いなわでしばって出来上がり。

☆設置場所

・パンチバッグと同様に木の枝や遊具の支柱
・丈夫な枝等を選び、あまり高く吊るさず、「吊りなわ」（PART3）で掛け外しする。

パンチしないで、しがみつく子

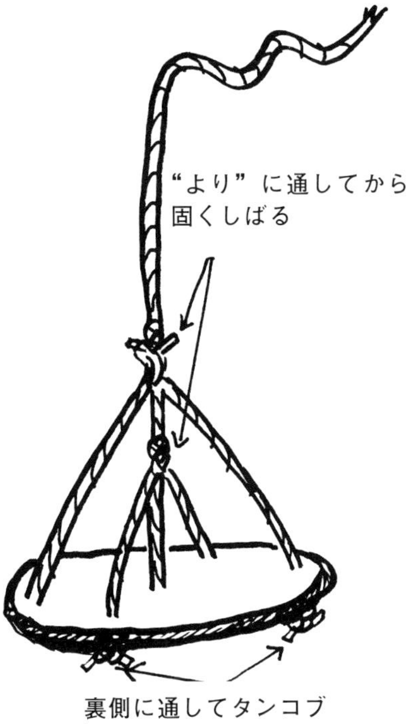
“より”に通してから
固くしばる
裏側に通してタンコブ

＊板を使い、なわ４本で傾斜を防ぎ、工夫してあるので安全

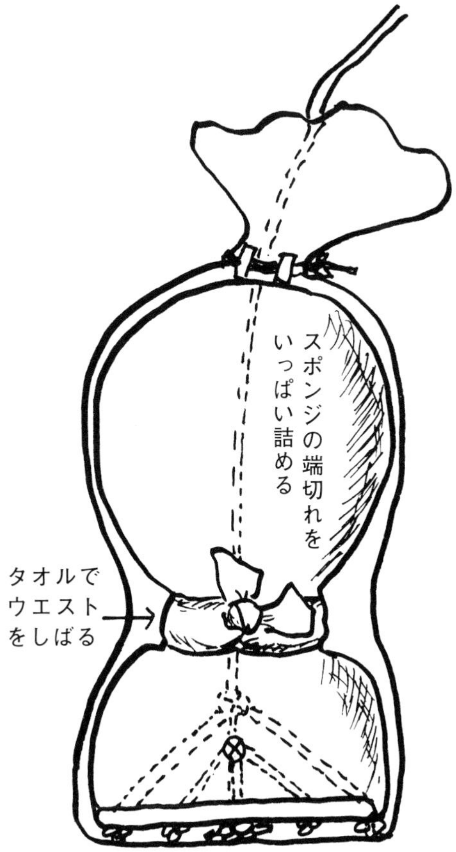
スポンジの端切れを
いっぱい詰める
タオルで
ウエスト
をしばる

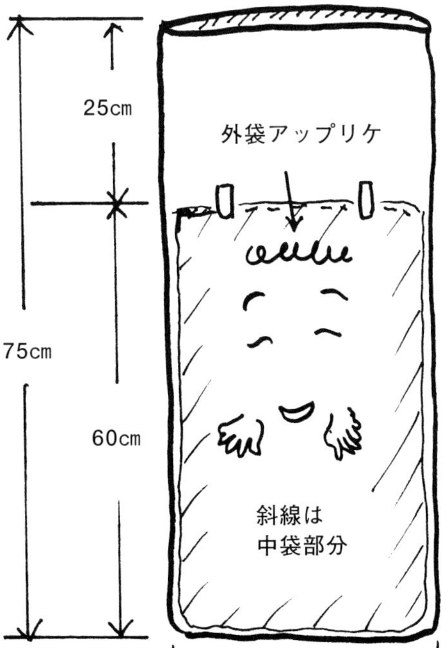
25cm
外袋アップリケ
75cm
60cm
斜線は
中袋部分
37.5cm
胴回り

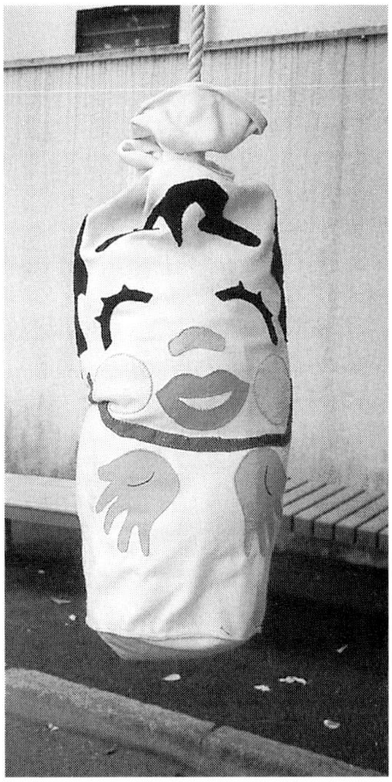

「はーい、だっこ」と受ける両手
肩車にされてしまうことも多い

5. 安全吊り輪（作り方）

◆吊り輪の市販品は固いので、子どもの顔を直撃して危険でした。
そこで、柔らかい素材で手作りにしました。
さて、吊り輪につかまる両手の角度は、鉄棒と違い
内側向きなので、回転などがぐんとやりやすいようです。

☆材料
・クレモナロープ（太さ直径12㎜）
・４㎝幅に切った固めの長い布
・カラビナ２個（パイプの太さ直径10㎜）

☆作り方（２本で一組）
・輪の部分を「編み止め」で作る。つかむ部分に布を重ね巻きする。ぶら下がる手が痛くないように、直経25㎜くらいになるまで固く巻く。
・取り付けは「ふた結び」にする。

☆設置場所
・ぶらんこの支柱
・しっかりした木の枝、など

◎要点
・取り付けたなわの端を、長くたらしておかないように注意して。
・高い場所からぶら下げると、大きく揺れてスリルがあり、幼児などは大喜びです。
・下げる場所には、吊りなわとカラビナを使うほうがより安全で便利です。

「空がきれいだなあー」

「ヨイショ！　サカサマダー」

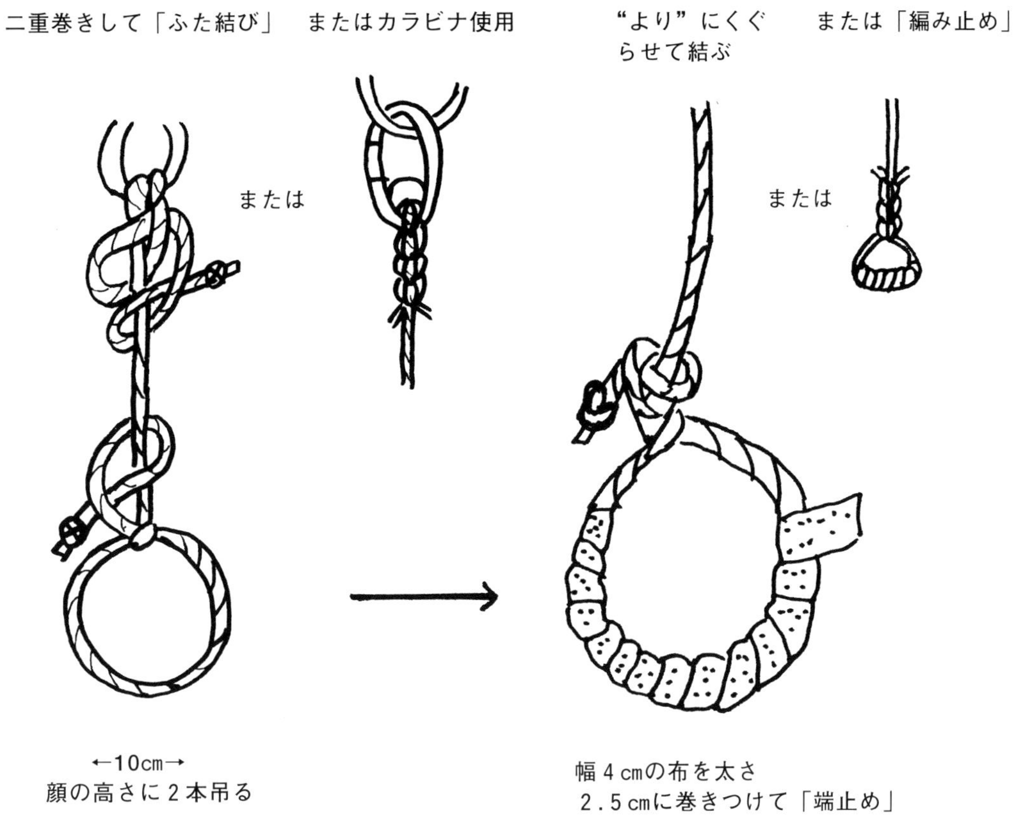
二重巻きして「ふた結び」
またはカラビナ使用
“より”にくぐらせて結ぶ
または「編み止め」
または
または
←10cm→
顔の高さに２本吊る
幅４cmの布を太さ２.５cmに巻きつけて「端止め」

金具付きなので、かけはずしワンタッチ

6. ターザンロープ（作り方）

**◆小学生の好きな屋外遊具のひとつがターザンロープです。
早い子なら、２歳児でもしっかり遊べるのがこの遊具なのです。
創造性を育てるにはちょっと不足ですが、「おもしろい！」
と飛びつけるものがあってもいいのでは？**

☆材料
・クレモナロープ（太さ直径16㎜）吊りなわ別
・カラビナ（パイプの太さ直径10㎜）１個

☆作り方
・上部はカラビナに「編み止め」でなわを取り付ける。
・地上45㎝の高さに「結節（タンコブ）」を作る。
・「８の字結び」または「ひと結び」に５～６回なわを通して、おとなの握りこぶしくらいの大きさに仕上げる。
・下部は「編み止め」で始末する。
・木の枝や支柱への取り付け方
　まず「吊りなわ」を取り付ける。
　木の枝は直径10㎝以上で、生きている枝がめやす。
　枝がこすれないよう、ネット状のものを巻き、その上から吊りなわを取り付ける。
・まずおとなの体重をかけて試してから使用すること。

☆設置場所
・しっかりした木の枝や遊具の支柱など
　可能な場所はどこかにある、探そう！
・近くに、花壇の縁など固い場所がないか、確かめること

◎要点
・ターザンロープは、高さがあるほど、揺れ幅が大きくなります。
　発達をふまえて揺れ幅をきめ、大いに楽しませて。
・高い位置から踏み切る醍醐味！
　足場は高い勾配や、しっかりした台などがおもしろさを倍増させます。
・なわは直径18㎜程度の太さでタンコブを大きく結ぶとぶらさがりやすい。

ターザンロープ

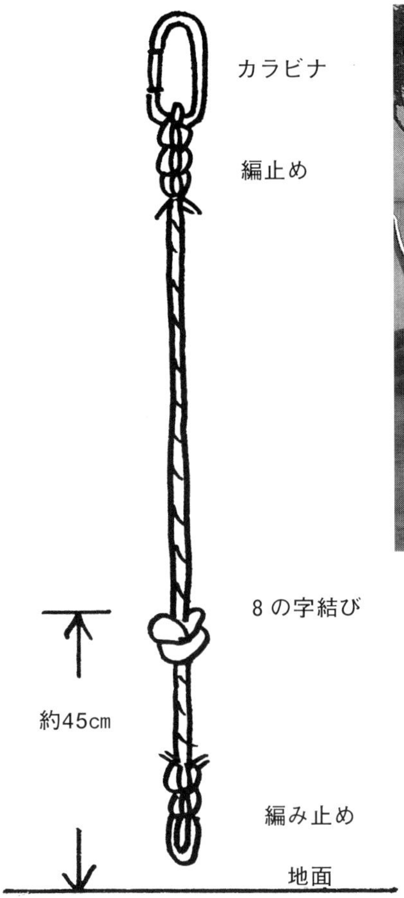
カラビナ
編止め
8の字結び
約45cm
編み止め
地面

ドラムカンの上から勢いをつけてブラーン

ムム…コワイー
イケイケ先生

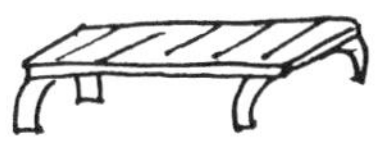

吊りなわに掛けはずし金具でワンタッチ

自分たちで置いたベンチとベンチの間隔が２m以上
５歳児は全員飛び移れる

7. 登りなわ（作りかた）

◆登り棒はツルンとしていますが、登りなわは結んだコブがあるので、ずっと登りやすく、3歳児でも登れるのです。
あまり高くまで登っては困るので、コブの高さで調節します。
3歳児の登りの活動を可能にする遊具です。

☆材料

・なわ（太さ直径16㎜）
上から下までの高さ分に下記を加えた長さが必要
上部の輪は約40㎝分
下部の「編み止め」または「ひと結び」は約25㎝
中部はコブひとつにつき約20㎝

☆作り方

・上部は直径10㎝の輪を編み止めで作り、輪にくぐらせてぶら下げる。
・中部は下からひと結びずつ、約20㎝の間隔でコブを作る。コブの高さは、3歳児が上の横棒に登れないところまでが安全。
・下部は「編み止め」または「ひと結び」で始末。なわの端を縦棒に結び付ける。

☆設置場所

・登り棒の縦棒と縦棒の間
・ぶらんこの支柱（やや高さ不足だが）、など

☆取り付け方

・コブのしばり方
はじめゆるく結び、位置を決めてからしっかり結びなおすほうが良い。
・なわの下部を他の縦棒に結び付けると、なわが揺れず安定するので、3歳児でも登れるし、危険の防止にもなる。
・下部を固定しないぶらぶら揺れ遊びには、「吊りなわ」を使って掛けはずしをすればさらに安全。

なわの結び方は「なわジャングル」（p.8）に同じ

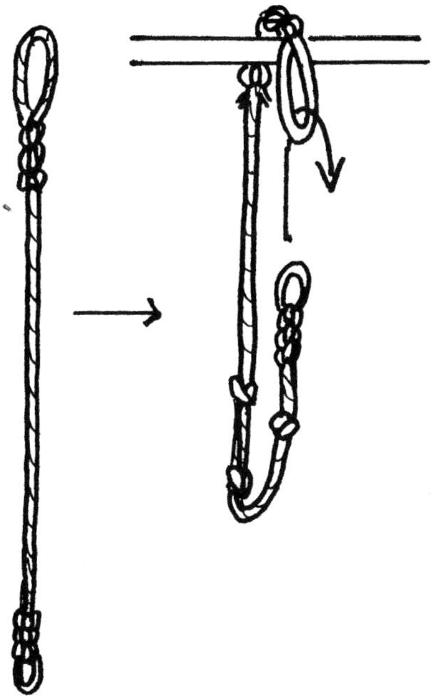

縦なわをひばり結びで下へたらし、下部を固定する

下部を固定しない場合は「吊りなわで掛けはずす

登り棒になわを設置する。タンコブの高さまでしか登れない。

8. 足掛けロープ（作り方）

◆ターザンロープの一種です。片方の足だけを掛けるので、
強い脚力と両腕の力を要します。
４歳児以上に適しているでしょう。
マスターするのは、おとなもうなるほどのしんどさ。
これで遊ぶ子どものすごい体力を、おとなも実感することでしょう。

☆材料

・クレモナロープ（太さ直径16㎜）
・幅６㎝くらいの固めの古布
・カラビナ（パイプの太さ直径10㎜）

☆作り方

・なわの上部に編み止めでカラビナを付ける。
・出来上がりは、地上約20㎝～30㎝まで。
・足掛け部分は「編み止め」で直径15㎝の輪を作る。
・輪の下部半分に布を厚さ３㎝、長さ10㎝ほど均一に固く巻き、端を縫い付ける。

☆設置場所

・ぶらんこ支柱の上部
・しっかりした木の枝、など

◎要点

・高い場所からの吊りは、揺れ幅が大きく、おもしろい。適当な立ち木の枝があれば幸運です。
・高さがある場所に吊るときは、「吊りなわ」を使うと、取りはずしもかんたんで便利です。

カラビナ編み止め作りが安全

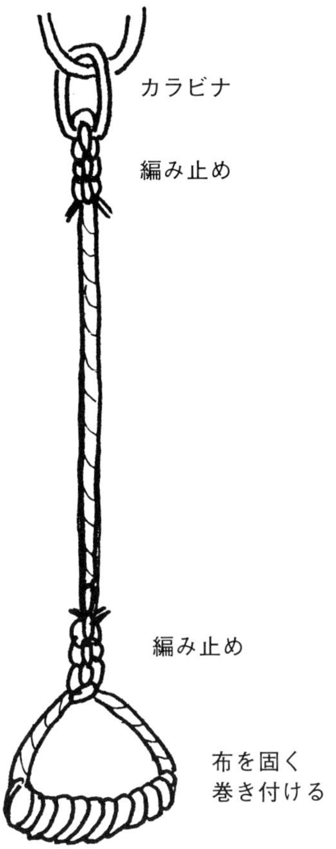
カラビナ
編み止め
編み止め
布を固く
巻き付ける

結び付けの場合

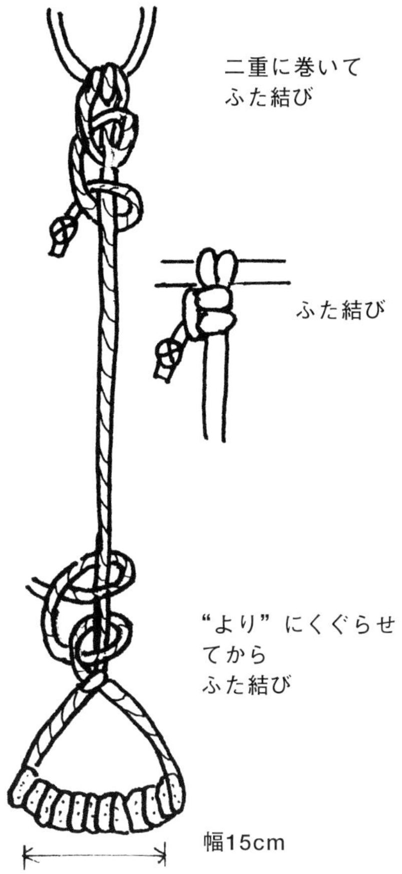
二重に巻いて
ふた結び
ふた結び
“より”にくぐらせ
てから
ふた結び
幅15cm

片足乗せて、両腕で体重を支えるのはすごーい運動量。トライするのは4～5歳児

ひざに掛ければぼくだってできる、ワーイ、どうだ、ウマイだろ（1歳児）

9．テント張り（作り方）

**◆園庭にテントを張ったらおもしろいだろうと、その望みをすべり台の下部の四本の支柱で実現してみました。
５歳児、４歳児、３歳児と、次つぎにグループ遊びが出現しました。**

☆材料
・テント布とその加工はテント屋さんに依頼する。手製の場合は布でも可
・布を結び付ける化繊耐水性のひも

☆作り方
・すべり台の４本の支柱の間隔を測り、図にしてひも通しの穴も書き込んで、テント屋さんに仕立てを依頼する。
・テントを取り付けるひもは、50㎝くらいの長さで、テントの穴の数分だけ作る。
・手製の場合は、両面にひもを縫い付けて結ぶ。

☆設置場所
・すべり台の４本の支柱
・ほかにサッカーゴールや鉄棒、遊具の間に張るなど、いろいろ考えられそう。

◎要点
・テントの四方を全囲いしたら、長い時間入らなくなったのです。子どもの心理って、おもしろいですね。
・丈夫な布製のテントであれば、子どもが寄りかかったり登ったりしても、また雨ざらしでも４年ほど保ちます。

すべり台下テント型紙の例
支柱間を測って型紙を作る（同型を２枚作製）

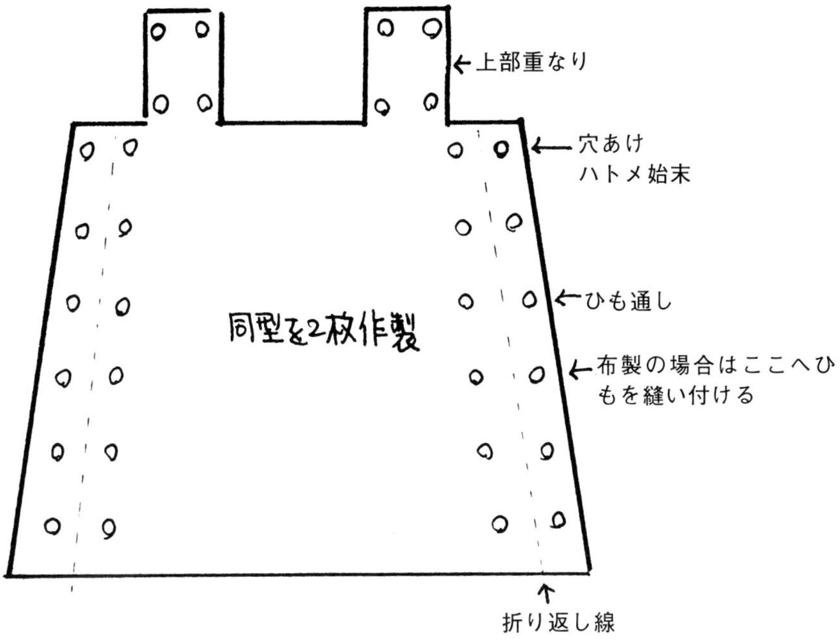
上部重なり
穴あけ
ハトメ始末
ひも通し
同型を2枚作製
布製の場合はここへひも
もを縫い付ける
折り返し線

囲ったスペースは約２畳。３～４人ちょうど入れます

10. 渡りなわ（設置方法）

◆なわを二段に張り、上のなわにつかまって、下のなわを渡るのです。森林遊びのひとつですが、子どもは冒険心満々で取り組みます。上下間に縦なわを渡せば3歳児でも可。張れる場所をさがしてみましょう。

☆材料
・クレモナロープ（太さ直径16㎜／太さ直径22㎜の２種類）
16㎜だけでも可
・長さは双方とも同じ
・3歳児使用には、この他になわとび用のなわ数本

☆設置場所
・固定遊具と固定遊具の間
・樹木の間
・固定遊具と樹木の間など

☆取り付け方
・下のなわ（太い方）を地上30㎝～40㎝の高さに張る。
・上のなわを、下のなわに乗った子どもの頭上の高さに張る。
・なわはピンと張り、両端は支柱などに３～４回巻き付けてから「ふた結び」する。
・３歳児のためには、上下のなわの間に、縦に何本かのなわとび用のなわを、「ふた結びで」取り付ける。
・上のなわを並行に２本張ると、１本よりつかまりやすくなる。
・なわを何重かに巻けば、結び目はほどけにくいが、事前におとなが体重をかけてしっかりテストすること。
・すべり台の階段部分や、ジャングルジムなどの段に結ぶと、下にずれにくいが、縦の支柱に巻き付けて結ぶだけでも、一日くらいは保てる。

◎要点
・“豚の丸焼き”って知ってる？
慣れてくると、上のなわだけで“豚の丸焼き”の姿のまま、渡りに挑戦を始めます。手を放すと頭から落ちるので危険。おとなが必ずそばについてください。
あるいは“豚丸用”に、なわを別に低く張って下にクッションを敷くなど、配慮が必要です。

支柱への結び付け

子ども複数分の重さがかかるので、はじめにぐるぐる巻き付けてから、ふた結びする

「これでもバランスとるの、むずかしいんだよー」固定遊具に張った渡りなわ。3歳児には、縦になわを足してあげると良い

11. なわぶらんこ・小鉄棒用（紹介）

◆子どもって、何歳からぶらんこに乗れるの？
1歳児、2歳児だってぶらんこに乗りたい！
自分で乗ってみたい、そんな思いを満足させました。
チッコン、チッコンと並んでこぐ姿は、これがほんとの、
平行遊び……なんて。
発達に合った小さいぶらんこ、固定遊具に取りはずしが
かんたんにできる“小さく、やわらかいぶらんこ”
についてお伝えしましょう。

☆材料
・クレモナロープ（太さ直径12㎜）
・天然ゴム板製品（腰掛け部）
・カラビナ（パイプの太さ直径10㎜）

☆製品の特性
・やわらかいので、ぶつかってもけがをせず、安全
　腰掛け部は、体に合わせて地上20㎝の高さ
・掛けはずしが、かんたん金具でワンタッチ。はずれない
・耐水性、耐光性なので、外に出し放しにしてもいたまない
・鉄棒に当たる部分がなわなので、鉄棒にやさしい
・長さの調節が10㎝可能。ほぼ5歳児くらいまで乗れる

☆取り付け方
・2本～3本用意すれば取り合いも起こらない
・2歳児では、地面から腰掛けまで20㎝～25㎝の高さくらいが良い

◎要点
・発達に合わせた遊具
　1歳8ヵ月ごろから、なわにつかまって腰掛けます。慣れるまでは、そばにつくようにしましょう。
　2歳児で上手にこげるようになり、3歳ごろ自然に大きいぶらんこに移る時期には、すっかり安定してこげるようになります。
・やわらかい感触が好まれ、ただつかまっているだけの乳児も出現！

＊実用新案登録済・日本児童安全学会推薦・600kg荷重検査合格

なわぶらんこ（鉄棒につけて）

「ボクも早く乗りたいヨー」

12. なわぶらんこ・大（紹介）

◆体に当たっても痛くない、なわとゴムで作られたぶらんこです。だから、ぶつけ合って喜んでいる、ぐるぐるねじりまわしをしている、何をやってもおとなは遠くで見ているだけ。
使い始めて10年、ブランコ・小とともに、全国に広がり始めましたが、ぶつかりのけがはまったく起こっていません。

☆材料
・クレモナロープ（直径22㎜）
・天然ゴム板製品（腰掛け部）
・特製吊り金具（堅牢）

☆製品の特性
・安全性
テストした100園ほどから、３歳児以上は、保育者がそばについていなくても大丈夫、という回答あり
・掛けはずしがかんたん、大きく揺れてもはずれない
・耐水性、耐光性なので、外に出し放しにしてもいたまない
・耐用年数は８年間ほど
・サイズは二種
支柱の枠高（地上から一番上まで）………ぶらんこの長さ
220㎝の場合………160㎝
200㎝の場合………145㎝

◎要点
・危険がなく、子どもの遊びに禁止がないので、子どもが自由にのびのび遊べます。
・従来のぶらんこに比べて重さが半分以下なので、脚力のない３歳児は、180度の大揺らしが３～４回しかできません。ダイナミックさに乏しい反面、安全です。
・そばにつかないですむ、はらはらしないですむ、目が他にゆき届くなど、おとなにとって福音。
・安全なのでいつも掛け放しにでき、取り合いが起こりません。
・発達に合わせて小・鉄棒用（１～２歳児用）と併用すれば、小で上手になって自然に大に移るので、より安全です。

＊実用新案登録済・日本児童安全学会推薦・600kg荷重検査合格

なわぶらんこ（大）

ねじり回り

逆立ち乗り、ヒコーキ乗り、ぶつけ合い、なんでもOK

13. スーパーネット(紹介)

◆運動会の、障害物競走に使う、あの大きなネットが倉庫にしまってありませんか？
このネットが、多種の遊具に化けるので、スーパーネットと名付けました。秘密は、取り付けロープを使うことなのです。
どの張り方もワンタッチ。ひとりでわずか１～２分でできるのが魅力。

☆製品のセット

・ネット（200㎝×140㎝）
・取り付け金具付きロープ　４本
・補助ロープ　２本
　このセットですべての設置が可能

☆材料

・クレモナロープ他（直径12㎜～14㎜）
・オールステンレス製金具（パイプ直径10㎜）

☆製品の特性

・ネットは普及型（子どもの体が抜ける枠）構造で安全
・耐水性につき、雨に濡れても丈夫
・ネットの設置、取りはずしがかんたん。取り付けロープの使用で初心者でもワンタッチ。山型でもハンモックでも１～２分でできる。使用中に、はずれない

☆設置場所

・固定遊具と固定遊具の間。ぶらんこを下げる支柱が最高
・たいこばし

☆設置するときの注意点

・必ずおとなの目の届くところで使用し、所定の張り方をしてください。
・なわのすり切れ点検をまめにしましょう。

◎要点

・ピンと張ったり、ゆらゆらしたり、高さ、低さで子どもの活動がまったく違います。発達や状況に合わせた張り方で、遊びをもっと楽しく！
・何人かが集まって遊べる大きさなので、たてわりも自然に発生し、かかわりが豊かになります。

＊実用新案登録済

遊具と遊具の間に張ったネット。固定遊具とネットの間に子どもがはさまらないような張り方をする

平面張り

地上50㎝でネットが固定できる。2歳児が喜ぶ。高く張れば幼児用になり、高低が楽しめる

山型張り

安全度が高い。上部支柱にあまり登れない。補助ロープの間くぐりが楽しい

ハンモック張り
補助ロープ２本使用。吊り方はかんたん、ゆっさゆっさ揺れる。ネット中央へ大きい布を広げ、四隅をネットにしばり付ければ、乳児も乗せられる。ネットが大きすぎる場合は、２列目に金具を掛ける

斜め張り
たいこばしを利用して。補助ロープ１～２本使用

「ウワー、乗るぞー　ボクが先！　キャー、グラグラ、オッカナイ！」（山型張り）

PART2　小集団の遊びが発展する遊具
―創造性、社会性が育つ可動遊具―

14. 畳表のパーツ（作り方）

◆大きさは畳四分の一です。運びやすく、いくつか運んで いろいろな形に創造できるのが“ミソ”なのです。 作り方もかんたん、手製で、費用もかかりません。 「素材の温もりと、創造性を発揮できる遊具」として 高い評価を受けています。

☆材料
・畳替えで出た古い畳表
（ござより丈夫）
・縁取り用の布
（幅15㎝ていどの長い布）
・丈夫な太い糸（焼き豚用が良い）
・毛糸針
・ガムテープ

☆作り方
・畳表一畳を二つに切り離してさらに二つ折りにする。回りをガムテープで貼り、上から布で5㎝幅ていどの縁取りする。毛糸針と太い糸を使う。
・固いダンボールなどを入れ物とすれば収納に便利。

☆置き場所
・取り出しやすく、雨のかからない場所。

◎要点
・15～20枚は欲しい。少なくも3～4グループの発生を期待したい場合、さまざまな形に置いて、創造力を発揮するのに必要な枚数です。
・庭に敷いて座っても、足が痛くならず座り良い、二枚の重ね仕立て。
・立て掛けられることで、平面から立体的に創造しようという発想が不思議なくらい生まれます。少しだけでも“立てかけられる”ことが、子どもたちの大きな満足感になります。
・大きい畳を小さくすることで、2歳でも運びやすい。組み合わせがいろいろ可能になります。
・座り、寝転びなど子どもたちの表情がのんびりし、情緒の安定した遊びが長く続きます。
・欲しい所帯道具。畳を敷き、テリトリーを確保すると、つぎに小物の運び込みが始まり、遊びが展開していきます。ぜひとも小物を多く用意してあげたいですね。

畳表のパーツ

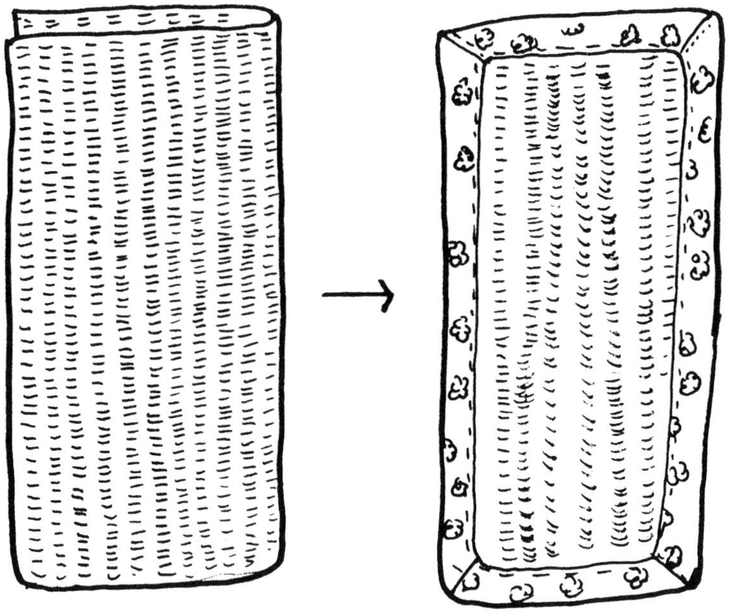

畳表１帖分を二つに切って折る

周囲を布でふち取りする。
ミシンでも縫える

はじめて使う子たち。ありったけ敷くだけ。形を楽しむ段階はまだこれからだ

15. バスマット（紹介）

◆スポンジのような、あの“マット”です。
畳表のパーツとどこが違うのか？　ちょっと説明します。
子どもは、こちらのほうが好きです。理由は、
「立て掛けられる」からです。平面から立体の創作へ、
巣、家、隠れ場？　何かを一心に実現しょうとする
その願いを、いまだ解明できないのですが、こんなに
欲しがるものなら与えてみたい！　と私は思うのです。

☆製品の特性
・製品によって、耐用年数に半年から数年と、大幅な差がある。厚さがあり、固い材質のものが長持ちする

☆設置場所
・ぬれても良いが、子どもが出し入れしやすい場所を決めること

◎要点
・枚数は、できれば10枚以上欲しい。取り合いが起こらず、多くの子どもが自発的に遊べます。
・地面のぬれや、固さを感じないで使えるのが、良いところです。
・かかわり、創造性が生まれ、情緒の安定、運びやすさなど、畳表のパーツと同じように楽しめます。

クッション築山の上にマット。気持ちよさそうにくつろいでいる

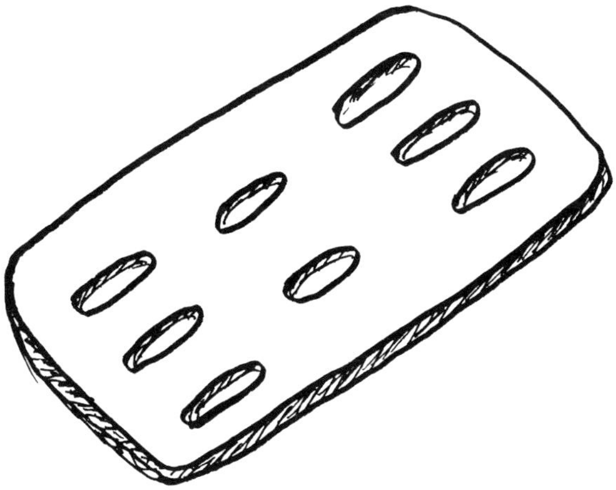

ほら、こんなに軽くてかんたん！

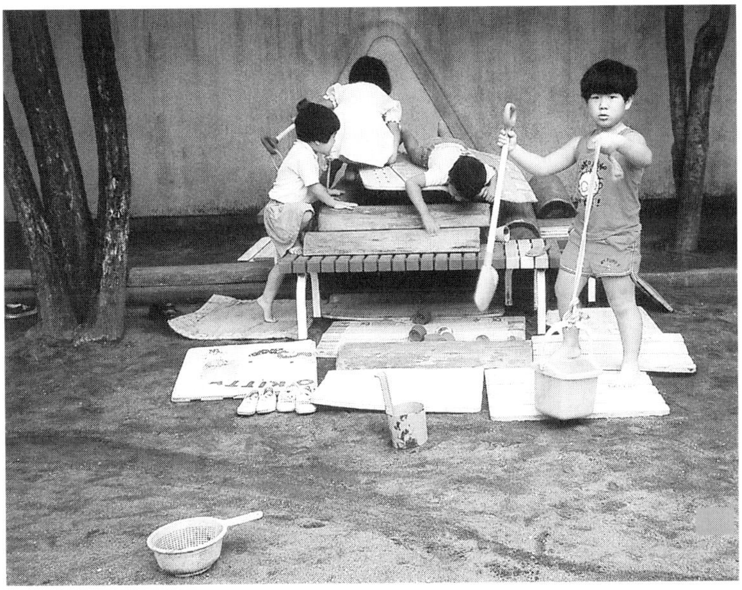

「オレの寝ぐらだ」（二階建て）

「靴はちゃんとそろえた？」「敷き終わるまで上に乗るなよー」

16. 第三の遊具 マルチパーツ（紹介）

**◆子ども自身が素材を選び、運び、創り出していく遊具のこと。
子どもは、平面だけでは満足できず、立体化しようと努力をします。
その気持ちに応えた遊具が、マルチパーツです。
置いたら、イメージが膨らむ、イメージを持って置けば、
思いを実現してくれる。単純な構造ですが、子どもの創造性を
引き出すために、長い年月をかけて考案してみました。**

☆材料
・合板（厚さ12㎜）
・L字金具３個（幅６㎝・長さ９㎝）

☆製品の特性
・一つで三種類の置き方ができる。
　置き方によっていろんな物をイメージできることは、実践でも証明ずみ。
・運動機能
　持つ、運ぶ、置く、登る、降りる、くぐる、飛ぶ、など。
・板や可動遊具との組み合わせで効果を発揮する。
　囲う、ふたをする、開閉、広く、狭く、積む、裏表を返す、立て掛ける、つなぐなど。
・安全性、耐用期間
　けがの情報は無し。耐用年数は６～７年間程度。

☆置き場所
　子ども自身で出し入れしやすい場所を選ぶこと。重いので倉庫の中やプランターの後ろなどは出しにくく、てきめんに使わなくなる。
　合板材なので、ぬれない場所に。

◎要点
・一園に最低４個はほしい。
・「こうやったら、おうちができるよ」など、子どもの思考、創造力を先取りしない。
・マルチパーツと長い板（120㎝×30㎝×厚さ1.2㎝）数枚を併用すると効果抜群。
　蓋にしたり、立て掛けの活動がすぐ始まり、遊びがひろがります。
・切り口からのとげ予防に、ボンドをすりこむ、布ガムテープを貼るなどの工夫を。

＊意匠登録済

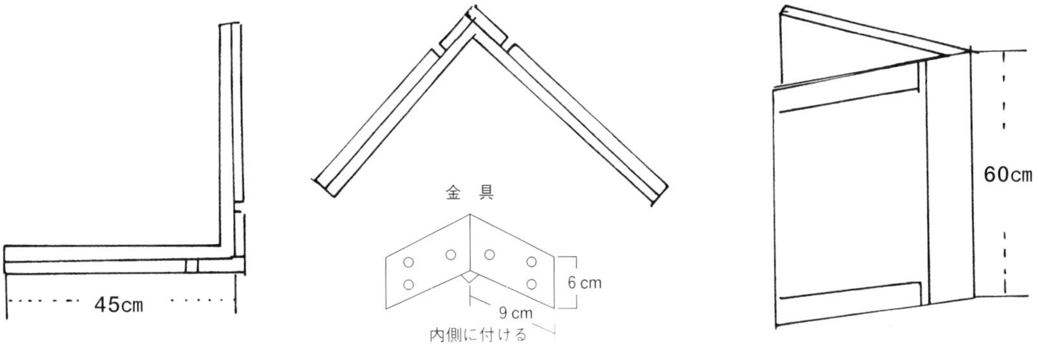
45cm
金具
6 cm
9 cm
内側に付ける
60cm

地面の上に一～二層の創造物。これが２歳児の創り出しの特徴

パタンとひっくり返してマットを敷いて…ほら、座れる。模倣のしどころ（１歳児）

このセッティングは大変むずかしい。マルチパーツの2階建て（５歳児）

17. ウッドブロック（紹介）

◆重さがある……えい！　と力を出して動かす。
大きい……抱えられる、二人で持ち上げる。
？の形……表、裏で安定と不安定の両面に挑戦できる。
複数……８本一組なので、組み合わせの妙味。
抱えて、運んで、全力を出し、他のパーツとの組み合わせを考えたり、子どもがうんと忙しくなる遊具です。

☆材料
・杉の木を１本（長さ３m）樹皮付き

☆製品の特性
・重さ（１本６kg）
　ぬれるともっと重くなる
・形
　丸太の丸みの半分を、そのまま残してあるので、置き方でスリルも十分味わえる。子ども自身が、使い方、遊び方を選択できる

☆作り方（製材）
・木の芯部は割れを防ぐため落とす
・長さを４等分して２本ずつ８本とる
・カマボコ型の厚さ10cm、長さ75cm仕上げ。面取りする（製材屋さんに切ってもらう）

☆設置場所
・子どもの取りやすい場所に、取りやすくが絶対条件
・重く大きいので、重ねたり、狭い場所に限定して置くと、しだいに使わなくなってしまうので注意（一列に立て掛けて並べると良い）
・雨ざらしの場所に置くと３年間でいたみだす

◎要点
・樹の皮のトゲ？　あえてそのまま出しました。子どもたちは、触る、皮をむく、匂いをかぐ、はてはなめるなど、しばらく楽しみます。
・子どもの創造力はおとなをはるかに超えます。
　導入の前に、おとなの創作案を書き出してみました。結果は「子どもの勝ち」。教えないで見ていたら、短日のうちに、おとなをはるかに超えたすばらしい遊び方を次つぎに展開しました。とくに板との組み合わせが最高！
・使い始めて12年間、けがは起こっていませんが、安全のために靴を履くこと、体の上から落とさぬよう、とくに異年齢での活動や2歳児の使用に留意を。

ウッドブロック

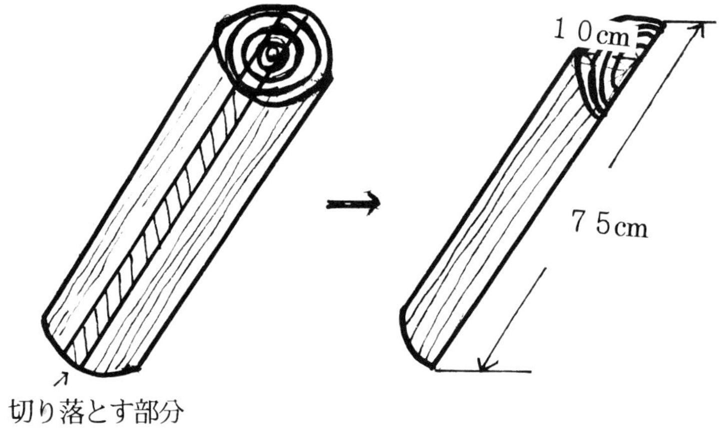

左・ウッドブロック（1本6kg）
右・ウッドピース

みなちゃん、できたすべり台に満足。一緒のけんちゃんも満足、二人で作ったんだよね

「オレ、入ったらそこに立ててよ。まだ、待って」「わかった！　合図して！　もういい？」

18. ウッドピース（紹介）

◆ウッドブロックの姉妹品です。転がる、安定もする、
という構造は、捨てがたいですね。単品よりは、
板、ウッドブロックなど、他のパーツと一緒に使用するほうが、
いろいろな工夫が生まれ、創造性が数倍発揮されます。

☆材料
・杉丸太（太さ直径24㎝くらい）
　樹皮付き
　１本（３ｍ）

☆製品の特性
・立体構成が可能
　ござや板などとの組み合わせによる
・重さ
　１個　4.5kg

☆作り方
・高さ25㎝の輪切り

☆設置場所
　ぬれるといたむが、使いやすい場所となると園庭の隅などが良い。

◎要点
・創造活動
　可動遊具との組み合わせで、立体物がいろいろできるので、創造活動が豊かに展開できます。
・身体活動
　転がし、持ち上げ、上を渡るなど、とくに２歳児は転がしたり、押したりして、目的地に移動させることを試みます。
・静止させて使う
　椅子、テーブルがわりなどにして、長い時間遊べます。
・重さがあるので、ウッドブロック（P41）同様、安全に留意してください。

ウッドピース（1個4.5kg）

ウッドブロックとウッドピースを組み合わせて。お兄ちゃんが作ったので2歳児が遊ぶ

「ちょっとこわーい」「だいじょうぶ、手を持っててあげるから」（3歳児）

「おーい、地震だ！」「地震か…フムフム、オレもあとでやろう」

19. 板・長・短（作り方）

◆合板の板を切っただけのものですが、これが大人気。
いろんな可動遊具をつなぐ、その上に乗せる、立て掛けるなど、
創作物が板によってどんどん連結し、発展していくのです。
すばらしい素材です。

☆材料
・合板ベニヤ板厚さ12㎜（90㎝×180㎝）
　一枚の板を切り分ける

☆作り方（製材）

長	120㎝×30㎝	切り口の面取りをする
短	90㎝×30㎝	

☆製品の特性
①「長」（120㎝）の特性
・“しなり”が楽しい
　長いので真ん中に乗るとはねかえりがあり、1歳～2歳児の子どもたちも喜ぶ
・橋渡しが「短」より安全
　遊具と遊具に掛けてその上を渡る場合、しっかり渡せる
・真ん中に重さがかかるため、ひびが入り、1年半くらいで消耗する。
②「短」（90㎝）の特性
・立て掛け、渡しにやや不安
　2、3歳児は使用がむずかしい。
・“しなり”がないのでひびも入らず、何年ももつ

板・長・短の切り方

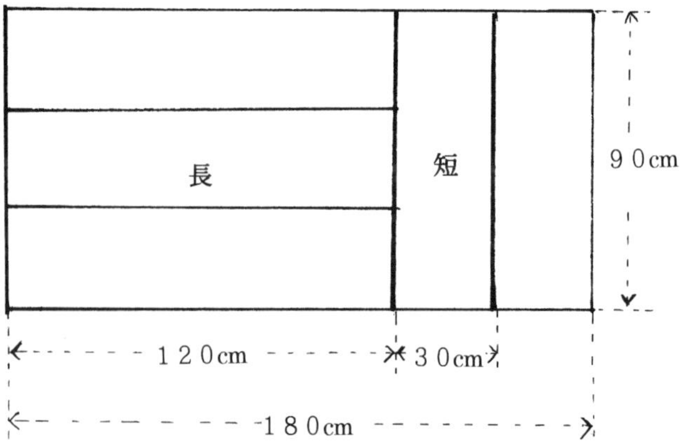

☆設置場所
・取り出しやすい場所
・合板なので雨に弱い。ベランダのようなぬれない場所に立て掛ける

◎要点
・創造性が発揮できる
　敷いたり、立て掛けたり、平面と立体双方の創作活動に役立ちます。
・他の可動遊具と連結したり、立て掛けたり、敷いたりすることによって、渡る、よじ登る、遮断するなど創造物が大きく、機能もダイナミックに広がります。
　長短併せて10～15枚あると、なお良いでしょう。

なんと板だけでつぶれない…どういう構築になっているのか（２歳児作）

「いれて、いれて！」（シーソーも三人乗り）

「見てー」（２歳児のお得意）「見てるけど、ぼくできない。でもやりたいな」

板だけで立体化、ボールころがし機？

基地から基地へ、遊びがどんどん広がっていく。これぐらい大きいと誰でも入れる

20. ドラムカン（紹介）

◆園庭には、ドラムカンをよく見かけます。ほとんどは、
半分土中に埋められて、固定されています。
これを可動遊具としました。
静止も可動も、子どもにまかせたのです。
大きな遊びができて、ケガもせず、10年間無事でした。

☆製品
・ドラムカンを扱っている業者に、底を抜いたり、切り口の始末をしてもらう
・材質は厚く、塗りも良いものを選ぶこと

☆置き場所
・庭に直接。長雨や雪の日は、軒下に移動したほうが良さそう

☆設置方法
・土中に埋めたりせず、可動遊具として使う
・はじめは棒で半固定、慣れたら固定、可動とも子どもたちにまかせる

◎要点
・さび止めに、年に一回ペンキをスプレーしてください。
・慣れ方
はじめは、底の左右に太めの棒を二本はさんで固定します。
子どもが慣れてきたら、徐々に棒をはずし、可動遊具として使えるようになります。
・転がし始めは、体がカンの上に乗ってしまうので注意を。
転がし年齢記録は、1歳児組の10月、男児３名が直線30mでした。
・上に乗る、押してから体をカンの上にダイビングさせるなど、荒業が出ましたが、１～２回でリタイア。目は離せないですね。
・立てても使う
横使いと半々くらい、もちろん自分たちで立てます。
中への出入りに台などを使い、頭をひねっています。
こうして他の遊具との併用を覚え、小さい子はそれを真似てもいくようです。
・立体化で最も高さがある遊具
ドラムカンを立てると120cm、その上に材木を乗せる、これが創造物の最高の高さです。この高さが限度となるよう、可動遊具の構造全体を考えてあります。

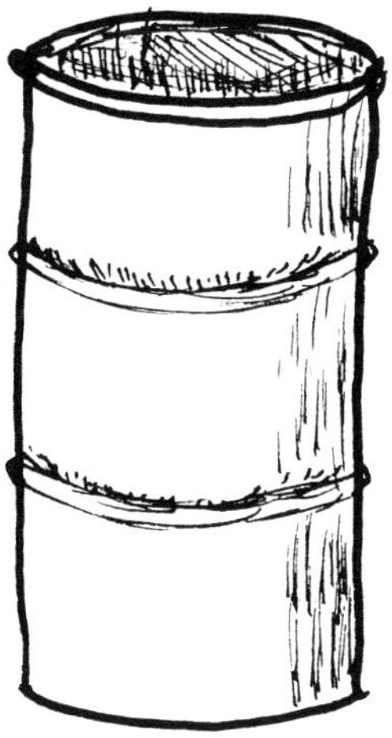

ドラムカンのわきに太い棒を置けば、固定遊具に早変わり！

体を預けて前へ飛び込む

「入りたーい、入りたいよー」

出発…という言葉も言えず、発車の姿勢をとる１歳児

このあと器用にころがし、押しまくる

21．特注　ドラムカン（紹介）

◆ねらいがいっぱい詰まっている遊具です。
ひとつのドラムカンで幼児、乳児も楽しめます。
安全なのに、ちょっとスリルがあるのです。
運動機能、社会性、創造性が育ちます。
ひとつは欲しい遊具、と思います。

☆製品の特性

・とくに乳児の固定遊具としてくぐり抜け、よじ登り、小さい揺れなどを楽しめる
・多機能性
　立体構成物の土台などの一部分として、横に置いても立てても使える
・ゴトンゴトンの大きな動かし、移動、置いたままコトコト小さな揺れも、子どもが自在に、いく通りにも使う

☆製品の加工

ドラムカンに直径６㎝の鉄パイプを４本取り付ける。鉄工所に依頼する

☆置き場所

庭。さびを防ぐため、年に一度ペンキをスプレーする

◎要点

・２歳児以下のための安全運動遊具のひとつ。力がないので転がせず、安心です。
・数は１個で足りますが、ふつうのドラムカンとの組み合わせで、それぞれの特性に合わせて、ペア使いの妙味も楽しい。
・転がしに危険が少ない。それはパイプがつかえてスピードが出ないため。
・ふつうのドラムカンを、静止させるために使う太い棒２本で、動かなくなるから安全。

「オッ！　こうちゃんが乗る！」「よし、先に行け！」「つぎ、ボク、発車、発車」

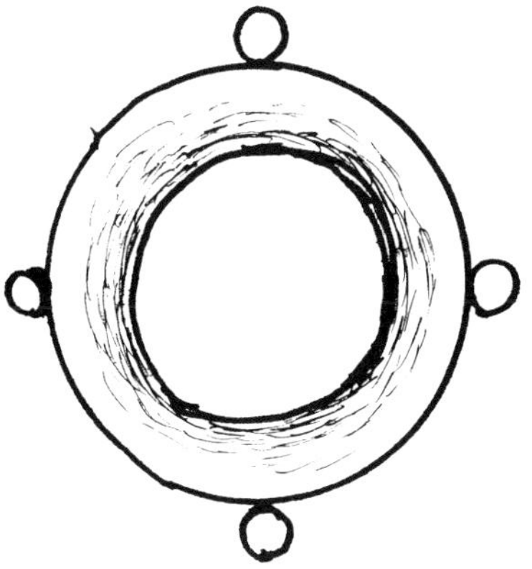

「トンネルの中っておもしろいね」

「順番だよ」「いいよ、よっちゃん入りな」

「ガタゴト行きまーす」「えー、トンネルはもうおしまいでーす」

22. ベンチ（紹介）

◆ベンチとは、置き場所をきめ、腰掛けて憩うものですが、
可動遊具として使うことにしてしまいました。
以前に、先生の目を盗んではベンチを持ち歩く子どもたちを見ていて、そんなにやりたいならやらせよう！
と決心しちゃったのです。子どもの喜んだこと！
なぜ早くこうしなかったのかしら!?

☆製品

・35㎝×90㎝×30㎝
・安全なもの選ぶ
　ベンチは多種販売しているが、どこへ乗っても倒れない機種は限られるので、厳選する

☆製品の特性

・使われ方、遊びの内容
　ふつうに置いて登る、飛び降りる、もぐる、テーブルがわり、立って作業する際の物の置き場にも、ちょうど良い高さ
　横にして仕切りのつもりや、立て掛けて登りなどにも使える

◎要点

・1歳後半～2歳児の遊び場
　立ったまま遊ぶのに楽な高さです。
　しゃがんで砂場の縁におもちゃを並べるより姿勢が楽なので、一時間くらいは集中して遊んでいます。
・幼児に協力関係が生まれる
　幼児は横に倒す、斜めに立て掛けるなど、まず協力関係が発生します。また、ドラムカン、板、タイヤなどさまざまな可動遊具と組み合わせることで、さらに大型の創造物に変化する妙味があるようです。
・そろえる数
　園庭で遊ぶ総人数などを考えれば、最低でも2～3台は欲しいものです。
・脚のゴムキャップの摩滅を時々点検し、すり減ったら市販品を付け替えましょう。

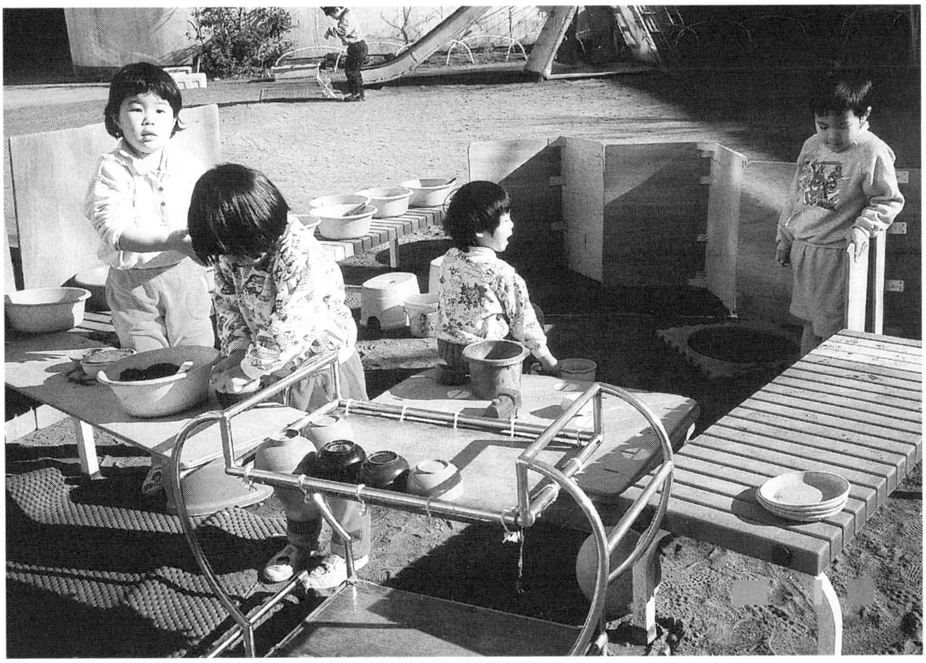

所帯道具もそすっかりそろえてままごと遊び

「オッ！　よこせ、もっとこっちだ」「穴の中に落とすなよ、よし、動かすぞ」

「ビューってすると、ほらー、出るよ」「ふんすい、ビュー」

23. 使いやすいタイヤ（紹介）

◆古タイヤは、どの園庭にも使われていて、いまや必須の品です。でも、タイヤならなんでもいい、というわけではないのです。遊具として使いやすいことを中心に、もう一度タイヤの形と活用法を考えてみましょう。

☆遊具としての特性

・良い点
　耐水光性で半永久的に使える
　転がしや基地作りなどに利用できる
・良くない点
　大きすぎるのは重くて使いにくい
　色が黒なので、やや圧迫感がある
　水がたまって臭く、蚊が発生しやすい。
　また、たまった水はとても出しにくい
　タイヤだけでは創造物が作りにくい

☆タイヤの選び方

・可動遊具として適した大きさ、形を選ぶ
・子どもが扱いやすい大きさ、重さとなると、直径約50㎝ていどが良い
・真ん中の穴が大きすぎないものが、重ねたり、横倒しに使うときに積みやすく、上に乗りやすい
　この構造のタイヤは最近少ないので、タイヤ屋さんに頼んでおくと手に入る
・軽乗用車のタイヤが扱いやすい。

◎要点

・可動遊具どうしの組み合わせ
　タイヤだけではうまく重ねられず、創造物が限られてしまいます。他の台や板との組み合わせで、おもしろさが相乗効果を発揮します。
・水抜き穴をあける
　カッターで表裏2ヵ所あけるだけで良く、雨水のたまるのを防げます。
・数
　クッション築山に必要な小型タイヤが約12個。その他可動遊具として8～10個ぐらいあると良いでしょう。

「ヨイショ、ヨイショ」
上手に運ぶ1歳児

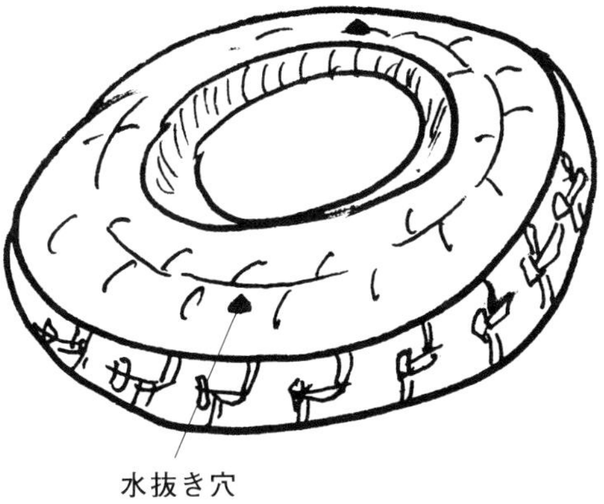

穴の部分が小さいほうが乗りやすく、使いまわしがきく。あまり大きいと、重くて持ちにくい。

二人でやった気分になるが、創造物への名前はない

「ウオーン、ウオーン」風呂場の腰掛けです。穴があいています。ヘルメットなのです

いろいろな素材が必要。何か連想しませんか？　ほら、曲芸です。この舞台ではボールが舞い上がり、子どもも一緒に舞い上がります

24. 腰掛け、おけ、木の枝

**◆意味なく集めてくるガラクタと違い、それぞれに利用価値が大きく、子どもを楽しませてくれる可動遊具です。
安価ですし、もらうこともできるし、たくさん手に入りやすいところが魅力です。**

☆手にいれる方法

・腰掛け、おけ
　浴用のものです。お風呂屋さんで買い替えの際、たくさんもらってきたり、100円ショップでも買える
・木の枝
　植木を剪定している機会に、ちょうど子どもの両手で持てそうな太さ、長さの枝をもらってくる。太さ直径8㎝～10㎝、長さ70㎝～80㎝くらい

☆腰掛けの機能

・立体的な創造物の補助的なもの
・高いところに登る踏み台として重ねる、並べて渡る、板を渡す、穴からのぞく、など
・丸型より角型のほうが活用しやすい

☆おけの機能

・立体創造物の補助道具として。ままごとなど
　重ねて乗る、裏返して置き、底に物を乗せる、物を入れる、など

☆木の枝の機能

・１～２歳児の「動かしたい、移動したい、力を出したい欲求（とても大切な遊びだが、重要視されていない）」に応えられる遊具
　両手で持てる太さ、重さが良い。振り回せるほど、軽く細くないのがねらい
・“運ぶこと”だけから、つぎは何かのそば、家などの中と、移動させる目的がだんだんはっきりしてくる
・2歳で、焼きいもごっこなどが始まる
・枝としての形がはっきりしているせいか、そのもののイメージとしては広がらない

◎要点

・他に考えられる品物
　大きいプランター、30㎝角の人工芝を二枚つないだもの、たらいなど、プラスチック製品も突起や割れなどに注意しながら、子どもの使い方を観察してみるのはどうでしょう。

入浴用腰掛け、おけ

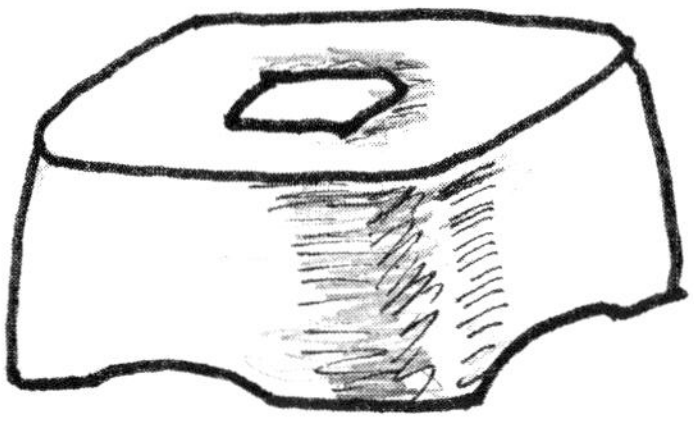

重ねれば
踏み台に

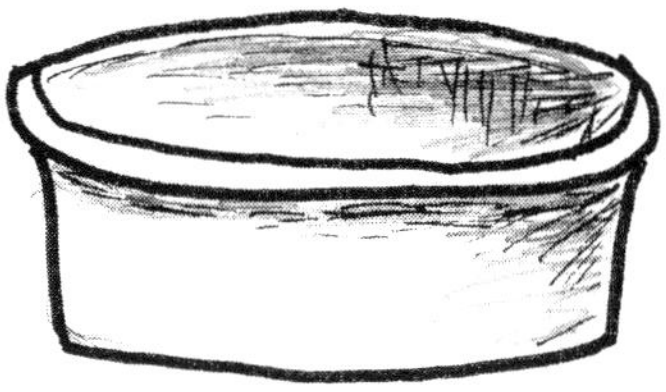

木の枝

木の枝を運び込んで力出し。これだけで楽しい
1歳児

所帯道具全部運んだの、わたしたち、満足！

25. その他の遊具について

◆なわ、ボール、三輪車など、従来の可動遊具も大切。
実践のうえで気づいたことを、ご紹介したいと思います。

☆なわについて

・なわとびができる順序
　手と足を同時に使うのはむずかしいものです。はじめ大なわとびで慣れてから、一人なわとびへ移ると、とびやすいようです。
・長いなわを常備する
　すぐにすり切れてしまうので、丈夫ななわを用意しておきたいですね。
・長いなわの作り方
　端を輪にしてひばり結びにすれば、一人の先生でまわしてやれます。
・創造活動も含め、一人用のなわを20本は用意して欲しいです。

☆ボール

・転がりすぎないのが欲しい
　1、2歳児のために用意してあげたい。最近はそのような市販品があります。
・転がりすぎないボールの作り方
　ローンのような薄手のハンカチに、タオルのようなものを丸めて包み込む。ぬれた地面はだめですが。

☆三輪車などの乗り物

・幼児に注意
　動かせる物は大喜び。ただし、3歳を過ぎても、たんに“乗る”ことから離れなかったら、環境が貧弱な証拠。三輪車のつぎこそ、可動遊具の出番です。

☆砂場の玩具

・砂場だけでなく、庭中に広げた遊び場に、所帯道具などソフトの部分が欲しい。ままごと道具、いろんな容器、シャベルなどがその役割。50人遊べばその2倍くらいの数を。家から空き容器類を集めてもいいでしょう。

☆その他

　ダンボール、空き箱等安全に留意しながら、まめに出してやりたいものです。

「オレにパスくれ」「ゴールはあっちだ」

買い物かご下げて、スーパーにお買物

「つなの真ん中はここだよ」

26. クッション築山（紹介）

◆“築山”は、どの年齢でも楽しめるので、皆の憧れです。
雨で盛土が流れてしまう、移動できない、などの難点を克服したクッション築山は、移動でき、高くも低くも作れる。
雨に流れず、収納も可能な新しい築山です。
さらに、ソフトな感触が子どもをひきつけ、素足や寝ころびがたくさん実現しました。
庭のやわらかい遊具、情緒をたっぷり受け止める環境としてもすばらしいものと思います。

☆材料
・バイオクッションG
　　2ｍ×３ｍ（学研）
・古タイヤ　　8個～15個

☆設置方法
タイヤを並べて置き、クッションを上に広げる。ベッド型、山形など、タイヤの置き方で形が変わる
（タイヤの項参照）

☆設置場所
夏は木陰に、冬は日だまりに置く、など

☆収納方法
クッションは巻いて収納するが、180㎝の長い棒を２本巻き込むと、立てて置ける

◎要点
・山の形は、たいらにするほど、いこいの行動が多くなるようです。乳児の使用なども含めて、寝ころび、車座など、裸足での感触を楽しむ子が多く見られます。
・本書に取り上げた遊具のなかでも、使用率が一番多い。すもうや跳びはねる運動遊具として、または情緒の受け入れ場所ともとらえられ、庭にやわらかく、いこえる場所が必要であることを、痛感させられるきっかけになった遊具です。
・使いやすい形を維持できるよう、下に敷くタイヤなどの管理や、ひどい泥がついたら、ほうきではくなどの心づかいを。
・本来は、ベランダ等の緩衝敷物だそうです。クッションの耐用年数は、庭に築山として４年間出し放しで使用後、破れ始めました。

あかちゃんの遊び場、セーフティーゾーンの築山

運動もいこいも同じ場。こんもり高くも、平べったいベッドも型は思いのまま

思わずてのひらで触れるクッションの快さ（○歳児）

クッション築山でちょっとひと休み

27. 木製の家（作り方）

◆保育士手製の木製の家です。

この型の特徴は、屋根へ登り降りができる構造になっているので、いわゆる“ログハウス”の中で遊ぶだけではありません。社会性や創造性を育て、また、身体活動も加わるという、遊びの価値をたくさん持つ遊具です。

☆材料

・合板（厚さ　1.2㎝）
・角材（５㎝×５㎝）

☆作り方（見取り図参照）

・正面、側面図から胴体部４枚と屋根部２枚を切り取る。
・長い角材は壁や屋根の板に合わせて切っていくほうがうまくいく。（柱部４本、屋根部４本、梁部２本）
・屋根頂上部の板と角材の小口は50度に削る。頂上の尖り部分は面取りしておく。

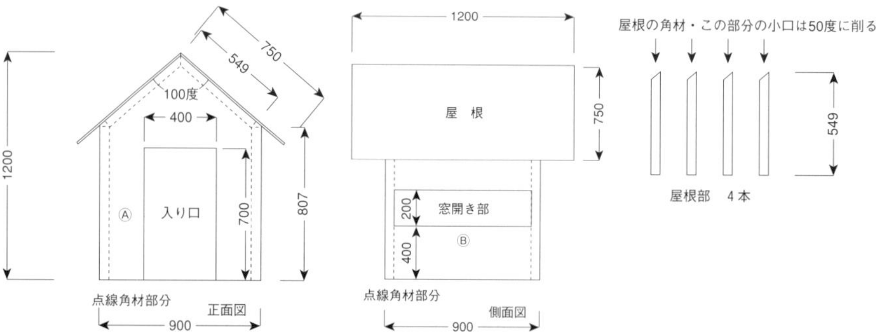

木製の家見取り図

☆自家製木の家の特性

・屋根の構造は、
降りられる体力のある子だけが登れる。勾配があるため大勢がとどまれない。
・登降時は身体活動。中に集まる、中と外でのかかわりという社会性。
中と外にさまざまな遊具を組み合わせ、構成する創造力等が育つ。
・狭い庭を家の中、外、屋根と立体的に活用可。また庭のどこにでも置ける。

◎要点

・高い踏み台を使う、大きい子が登らせてしまう等、小さい子の登りの安全に留意を。

家の内外に遊びが広がる

ヤッ！　飛び降りる５歳児

28. 日よけ・遊び場（作り方）

◆５月から10月にかけては日差しが強く、木陰のない庭やベランダでは、暑くて遊びも続きません。
そこで、建物や地形を利用して日ょけを考え、ついでに遊びのたまり場も作ってしまいました。庭の隅っこも生きてきます。
日よけを張れる場所をさがしてみませんか？

☆材料
・野外テント用の軽い布、または古いカーテン生地など
・布を固定するひも（太さ直径約0.5㎝）

☆作り方
・布は場所に合わせた大きさに縫い、ひもも長さを適当にきめて縫いつける。

☆設置方法
・直接結び付け、また高い場所からは「吊りなわ」を使用、地面にはペグなどをそれぞれの場所、地形に応じて取り付ける。

◎要点
・安全
子どもがぶら下がったり、寄りかかったりする場所では、高所からの転落に留意してください。
また、結ぶひもは長すぎないようにしましょう。
・ペグは、野外テント張りをする用品です。頭部などが平べったく、安全な構造のものを市販しています

日よけとしてばかりではなく、小グループの遊び場として、庭の隅を利用できる。ちょうど３人くらい入って遊べる

庭中に張りめぐらしたシーツ製品。この下で子どもたちが一日中遊べる。ベランダ柵と木の枝に結び付けてある

乳児室のベランダに張る。ビスを打ってもらい、ひもで結ぶだけ。ビニールレース地なので、雨がたまらず、シーズン中は、付け放しでよい

園庭の隅を利用。地面にペグを打ち込んで固定する

安全な形のペグ。長さ13cm

保育士が工夫した遊具でワクワク感あふれる庭遊び

「とろ～りとろとろ　ゆ～らゆら」赤ちゃんのお楽しみ（ハンモック）P.6

どんなに抱きついて大きく揺らしてもニコニコ顔（だっこおばちゃん）P12

「よいしょ、よいしょ」ウッドピースをころがす2歳児（ウッドピース）P.42

「さあ、これから工事現場だ」（ドラムカンを組み合わせて）P.46～48

「ここは私たちのたまり場よ」（マルチパーツと板を組み合わせて）P.38,44

「早くすべってよ」（どんなに乗っても倒れない木製の家）P.60

はじめての遊具を前に思いが広がる（クッション築山）P.58

可動遊具を生かし、熱中する創造物づくり　P.36～45

PART3　なわの取り扱い方

1. なわの特性と危険の防止

◆なわは、外国では直径16㎜以下のものをロープといい、区別するそうですが、日本では一般的に区別をはっきりしないので、本書でもなわまたはロープと表示しました。
子どもにとってはおなじみのなわですが、この項では、遊具作りに使うクレモナロープの特性説明と、扱いによっては危険な場合もあるので、その例をあげておきます。

(1)クレモナロープの特徴

☆長所

・耐水性—雨さらしが可能
・耐荷重—新しいなわの場合
　直径10㎜のなわ　950kg
　直径12㎜のなわ　1300kg
　直径16㎜のなわ　2200kg
・耐光性—日光に強いので外に出し放しが可能
・耐寒性—寒さでも固くならず、やわらかい
・結び—すべらず、ほどけにくい
・加工—16㎜までなら、素人でも加工が可能

さまざまなクレモナロープ（船のつなぎ止め、漁獲の網などに使われる）・なわ・カラビナ

☆短所

・耐摩擦性—なわどうしのこすれ、
固いロープとのこすれにはすり切れが起こり、強くない
・結びめ—しっかり結んでしまうと、ほどきにくいことが長所にも短所にもなる
・消耗—古くなれば強度も落ちてくる

＊クレモナロープ以外のなわを使用する場合は、材質の特性（強度、締り、ゆるみ、伸びなど）を良く心得て管理しましょう。

（2）危険の防止

☆首などの引っかかり防止

・直径14cm～24cmの輪は首や体が引っかかり、危険です。
・２本以上たばねると、首がはさまります。
・大きな輪でも２～３重に重ねると、体がはさまるおそれがあります。
・固定遊具の支柱などと、なわの間にも、すき間も作らないようにしましょう。
・１本でも、上から長く垂れたままにしておかないようにしましょう。

☆落下防止

・遊具吊りは結びがほどけないように、吊りなわとカラビナ止めが良いでしょう。
・なわが切れないように、摩擦の多い作り方や設置は避けましょう。
・ぶら下がり、つかまりで手を放さないように、注意しましょう。
・遊具はおとなが見て、引っ張って、ぶら下がるなどして、管理・点検を怠らないようにしましょう。

<注意！なわの使い方>

首などが引っかかる、なわが巻きつく、危険な例

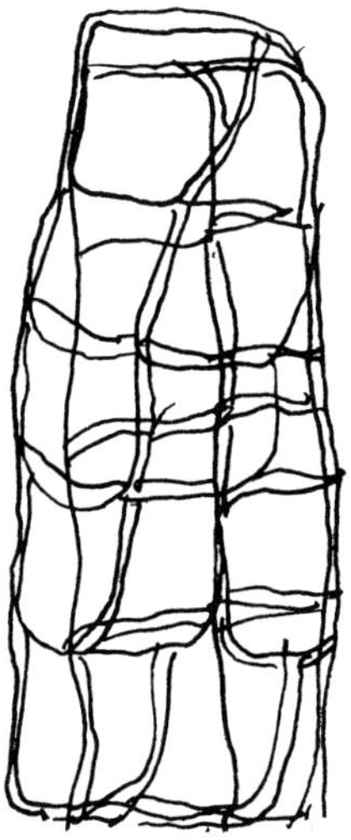

ネットは重ねた間に体がはさまる

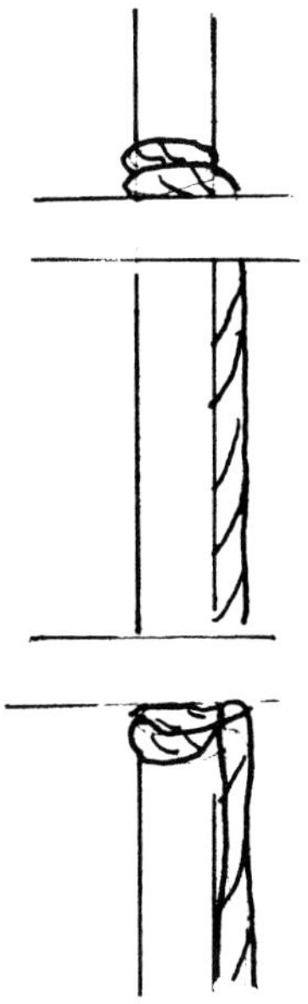

支柱となわの間に体がはさまる

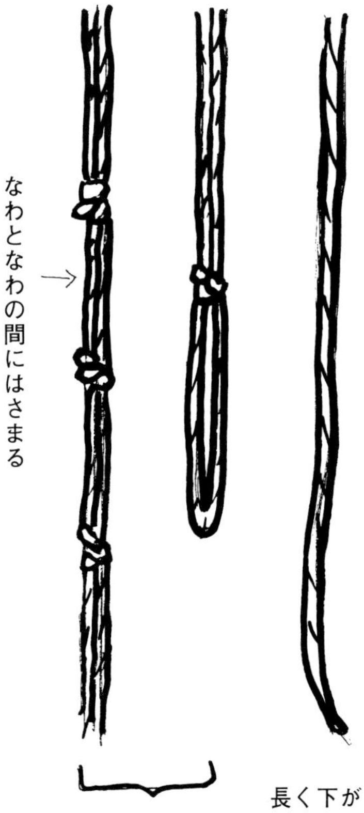

二本以上使う場合

長く下がっている場合

2. なわの結び方、つなぎ方

**◆なわにも固さや手ざわりなど、いろいろな特性があります。
以下の説明は、加工しやすいクレモナロープ使用の遊具です。
ロープは直径12㎜までならなわ屋さんか、大きい金物屋さんで扱っています。**

(1) 結び方

◎要点

・どのように強い結び方をしても、子どもの体重と激しい動きが加わるので、安全とはいえません。
すり切れ、ほどけ、ゆるみには常に注意を払い、事前におとなが乗ったりぶら下がって、安全を確かめてから使用しましょう。

・結び目は、雨にぬれたり長期間たつと、固くほどけにくくなるので、使用がすんだら取りはずしておきましょう。

〈ふた結び〉　よりほどけにくい結び方。支柱などにぐるぐる2～3重に巻いてから、結ぶ。端綱の先は一結びしておく

〈ねじりひと結び〉　ふた結びに同じ

〈8の字結び〉　ターザンロープや登りなわの大きいタンコブ作り

〈ひばり結び〉　なわの端に編み止めで輪を作っておき、端をくぐらせるだけでかんたんにつなげる

・保管するなわの切り口はほどけるので、ビニールテープで3～4重に巻く

ふた結び

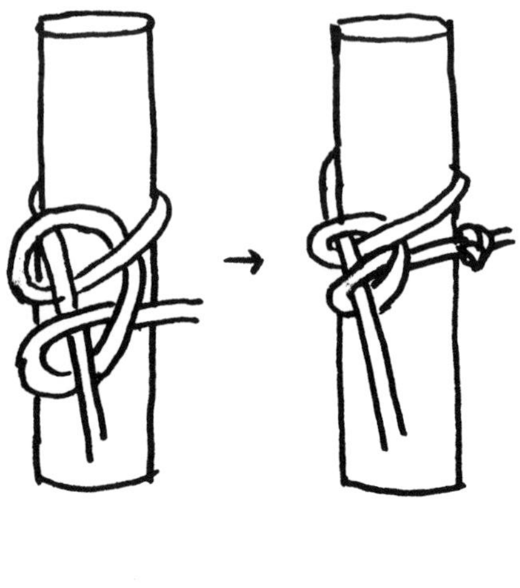

ねじりひと結び

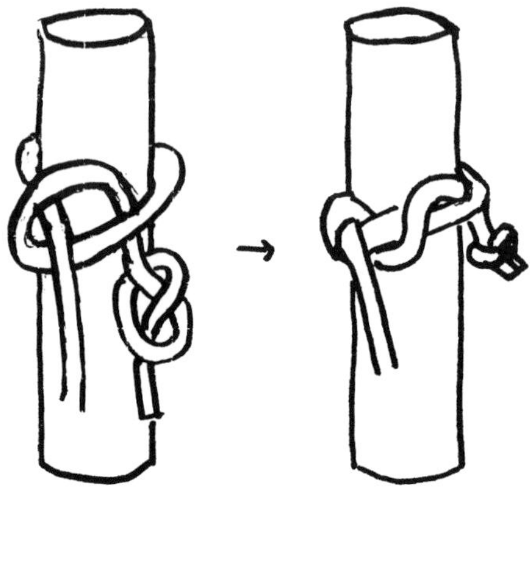

大きい８の字結び

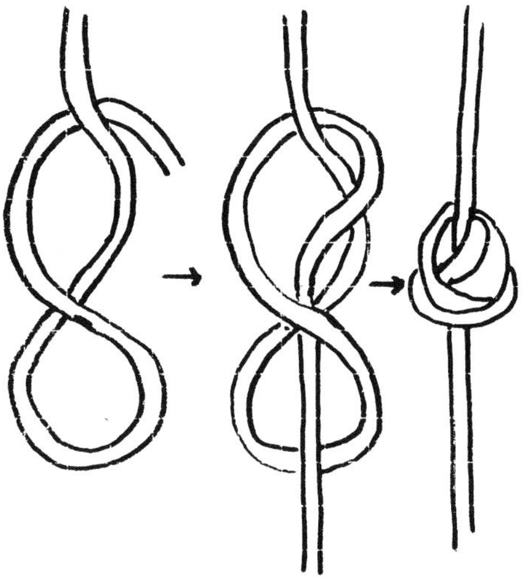

ターザンロープの腰掛け部

ひばり結び

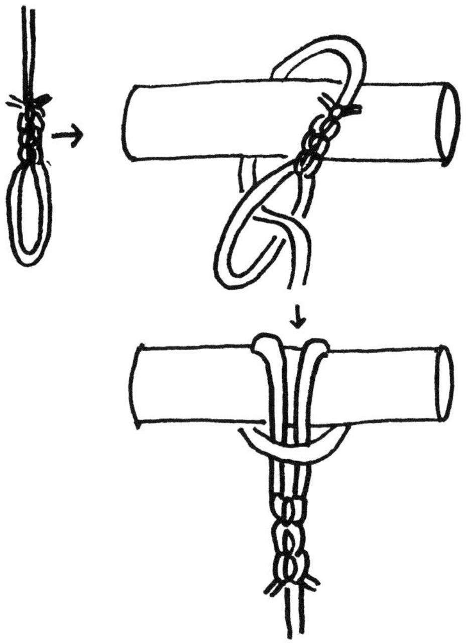

（2）編み止めの方法

◎要点

・編み込む端なわの“より”３本の先をセロテープで巻き、元なわの“より”にそれぞれを一本おきに３～４回、正しくしっかりくぐらせる。

・「より」の始末

“編み止め”の場合に必要。なわ一本は、三本の“より”からできている。ばらばらにならぬよう、３本のそれぞれの端を、セロテープで１～２回、固く巻いてから編み止めを始める。

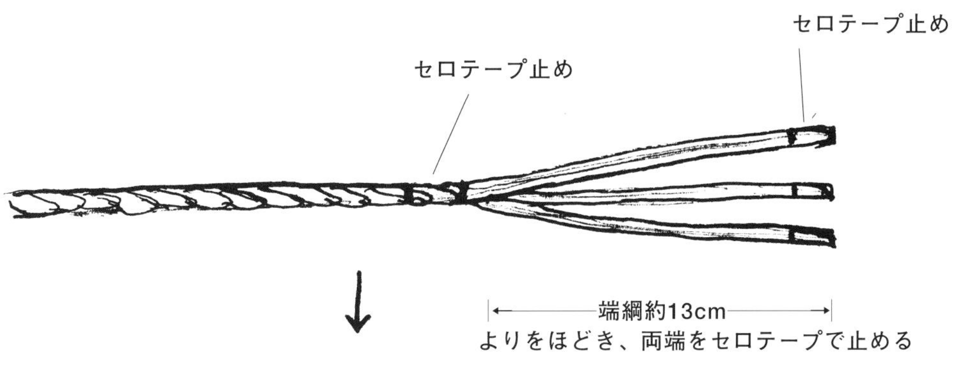
セロテープ止め
セロテープ止め
端綱約13cm
よりをほどき、両端をセロテープで止める

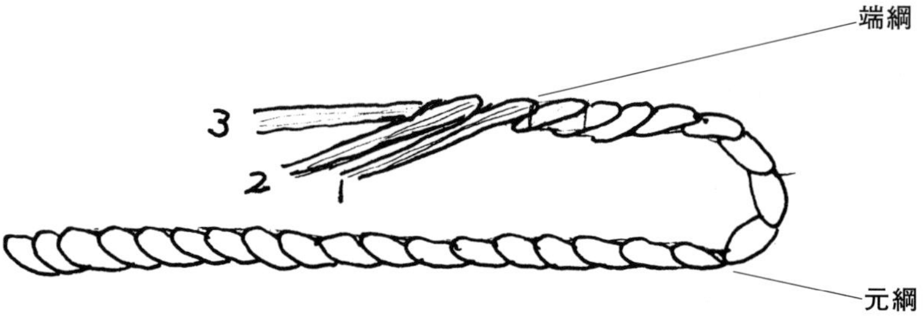

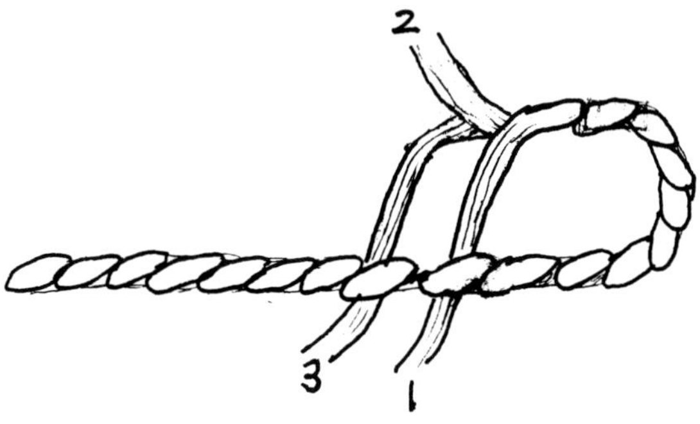

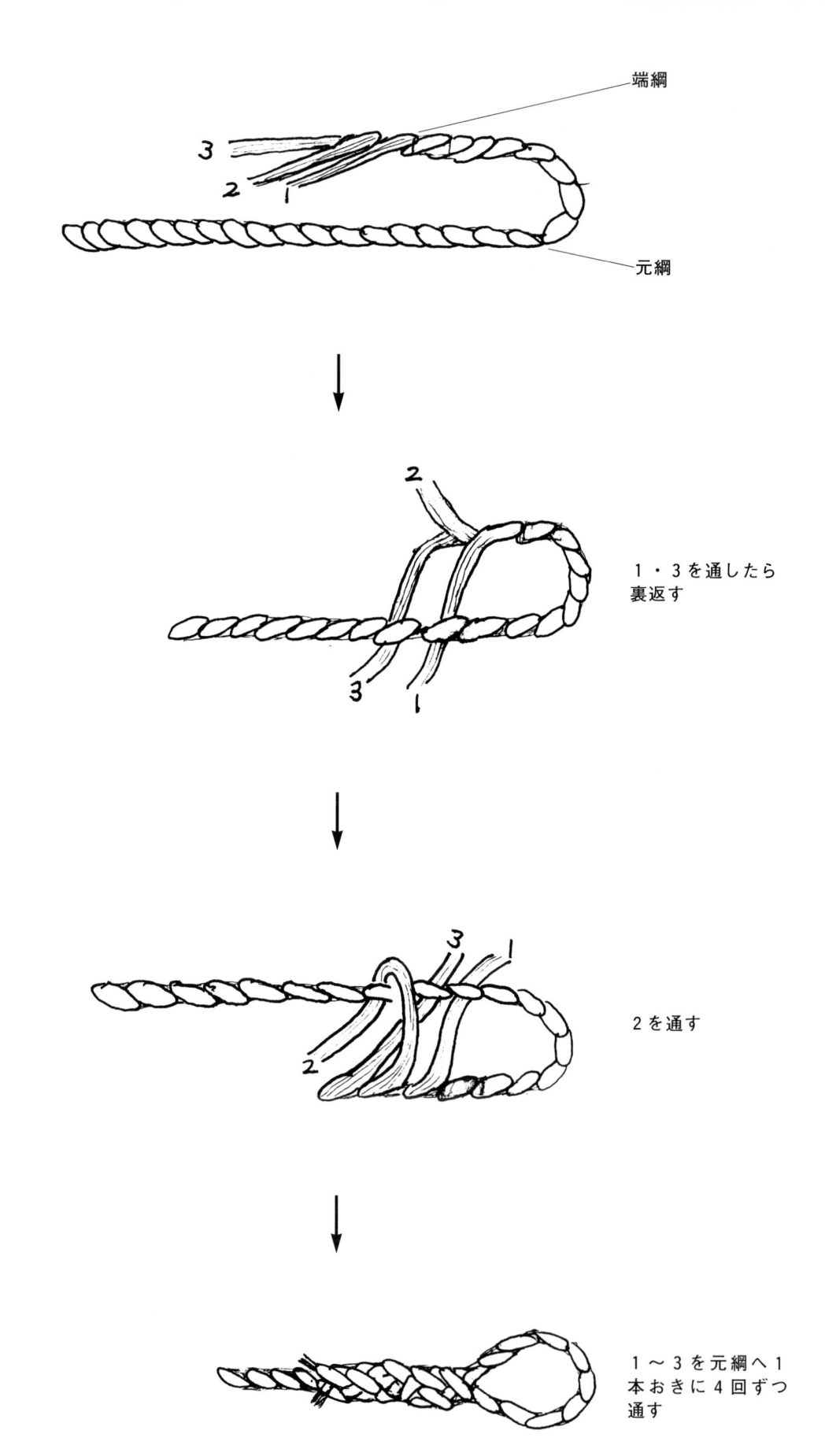

1・3を通したら
裏返す

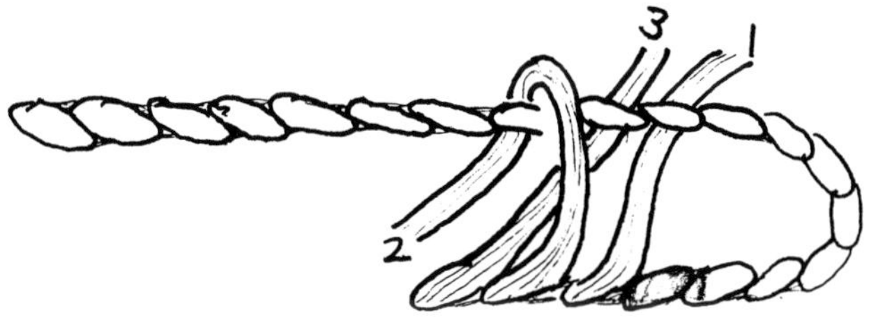

2を通す

1～3を元綱へ1
本おきに4回ずつ
通す

（3）吊りなわ（パーツ）の作り方（クレモナロープ直径12㎜～20㎜使用）

◎要点

- 高所にそのつど遊具を結び付ける手数を省き、かんたんに取りはずしできる装置。
- 子ども自身で勝手になわを掛けにくいよう、最下部の輪を小さくしておく。
- 上部は２本掛けとし、１本切れたら取り替えのめやすとする。
- 同じパーツ（安全のため短い）を何本か作れば、完成品となる。
- カラビナ掛けなので、結び付けより安全

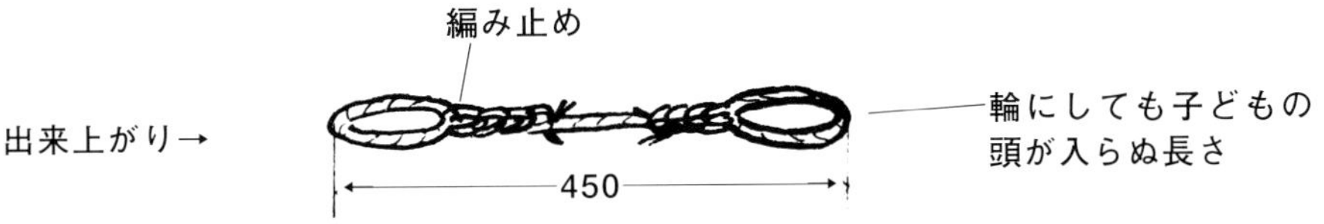

編み止め
出来上がり→
輪にしても子どもの
頭が入らぬ長さ
450

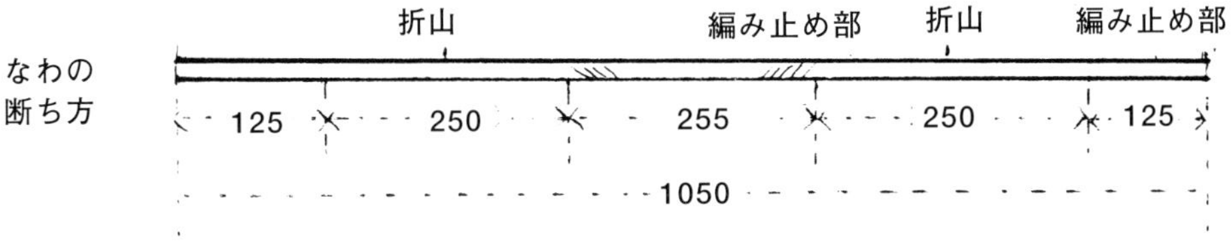

なわの
断ち方
折山
編み止め部
折山
編み止め部
125
250
255
250
125
1050

吊りなわ（パーツ）の使い方

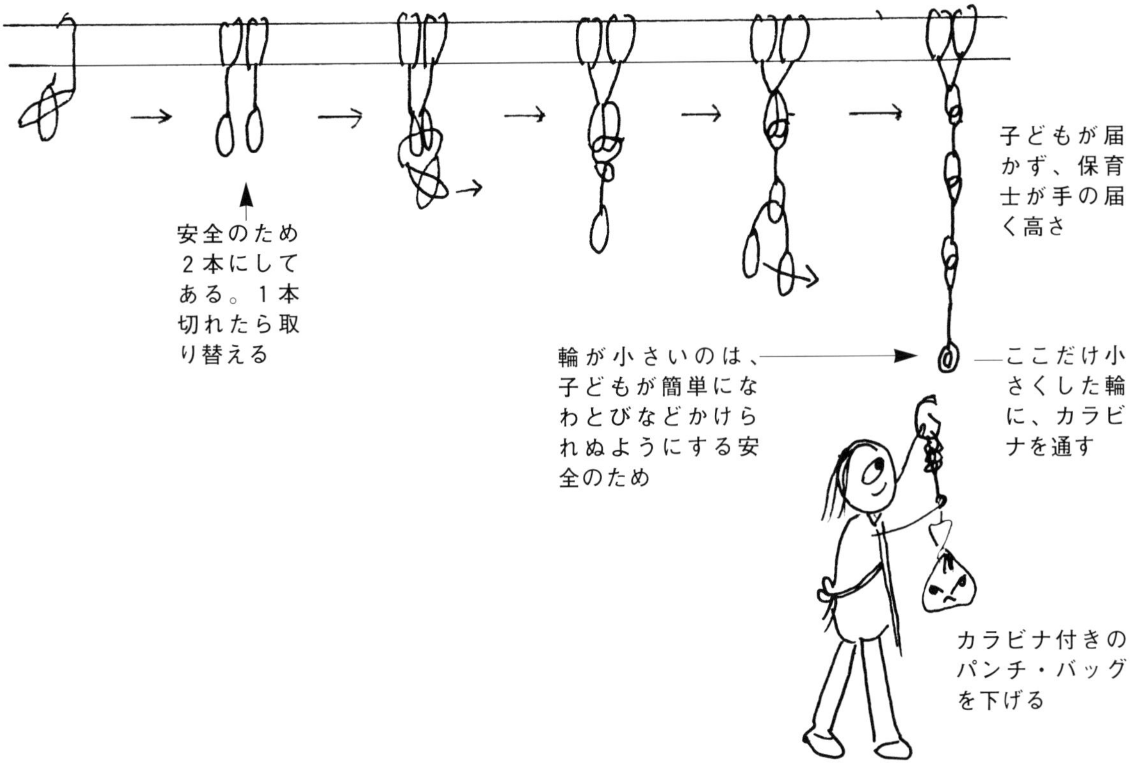

安全のため
２本にして
ある。１本
切れたら取
り替える
子どもが届
かず、保育
士が手の届
く高さ
輪が小さいのは、
子どもが簡単にな
わとびなどかけら
れぬようにする安
全のため
ここだけ小
さくした輪
に、カラビ
ナを通す
カラビナ付きの
パンチ・バッグ
を下げる

（4）カラビナについて

◎**要点**

・ステンレス製は高価ですが、丈夫でさびません。

・体重をかけるので、パイプの直径が10㎜のものを選びましょう。

リング付きカラビナ

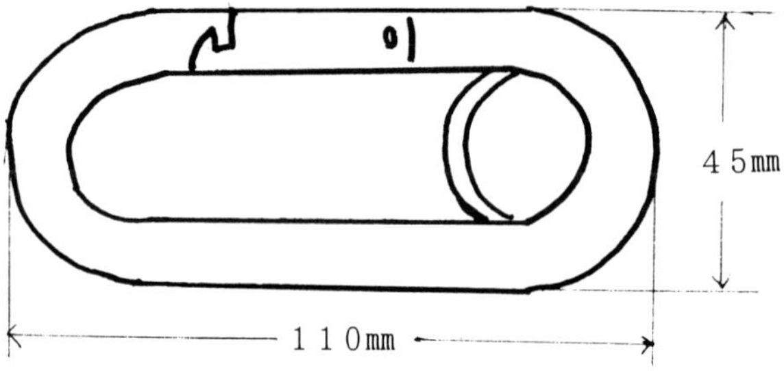
45㎜
110㎜

リングなしカラビナ

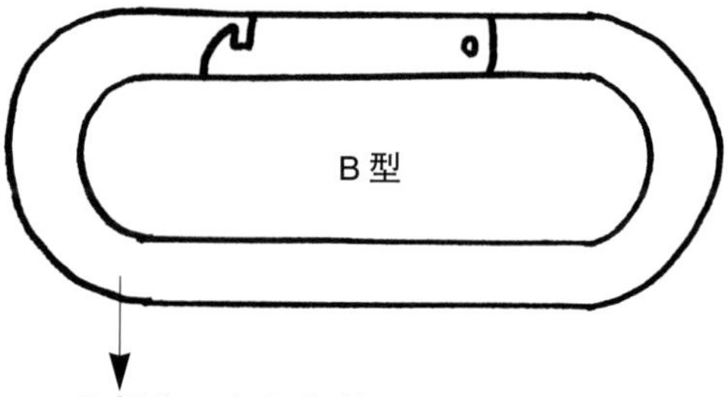
B型

この部分へなわを通してから編み止めをすると、なわからはずれない

カラビナのバネを開きなわを通す

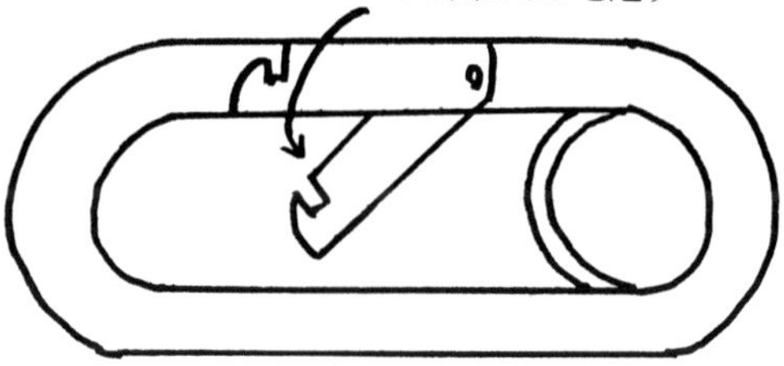

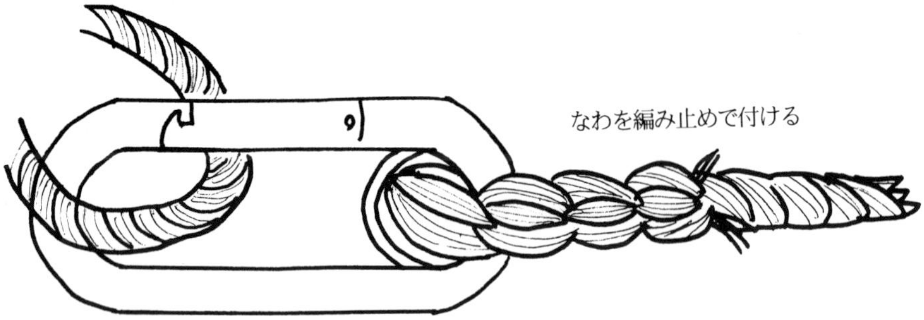
なわを編み止めで付ける

なわとなわを連結する

PART4　遊具環境を生かす保育方法

1. 保育方法

◆保育しだいで、遊びが充実したり、散漫になったりする。

（1）おとなのかかわり

◎保育の要点

・遊具が出しやすくなっているか点検しておく。
・子どもが創造的活動に挑戦を始めたら心で応援する。
「こうやったらお家ができるよ」など、先取りしない。
・おとなはつねに暖かい顔付きで、安全などを見守ってほしい。
・子どもからの求めには必ず応える。
・年齢、発達などで、遊びに何が出るか予想しながら見ると、保育も深まる。
・できる限り、禁止、規制の言葉をひかえる。

以上は、私と共に庭遊びの実践に加わった保育士による、庭遊びの保育方法のまとめです。

他園に比べて自発的な庭遊びの時間が非常に長いこと、ほとんどの子どもが自然に形成された小集団で遊んでいた、という観察結果が出されました。

（2）大切な置き方

◎遊具の置き方の要点

・種類ごとに置き場を分散する――庭、ベランダ（木製品）
・重いので重ねない、一ヵ所へ押し込まない
・毎日使えるよう、同じ場所に置いてあること

可動遊具の置き場所の大事な点は、まず“出しやすい”こと。それが、子どもの自発活動を引き起こし、片付けも容易にします。

出しにくくなると、たちまち子どもたちは使わなくなったり、遊びにむらが出たりします。

2歳児でもかんたんに出し入れできることが、自主性を育てます。

これで、せまい庭でも遊びをいっぱいに広げられます。

板・マルチパーツ・ウッドブロックはベランダへ片付ける

2. 安全について

◆常に目を離さないこと。手と声を出すタイミングが肝要。

(1) 新遊具の導入にあたって

◎要点

・取り合いなどが起こらぬよう、数を多くそろえる。
・安全度の高い(低さ、柔らかさ)遊具から取り入れる。
・保育士が子どもの危険度を個別に把握、対応する。
・遊具の扱いに慣れるまで、そばにつく。
・2~3ヵ月で慣れたら、つぎの種類を出していく。
・一種だけ出すとパニックとなる。常に多種の遊具環境を維持する。

(2) “落下物”の防止

◎例

・積み上げた重い可動遊具が、体の上に落ちないようにする。
・積み重ね(マルチパーツの上に板やウッドブロックを乗せたりする)は、経験によって上達し、危ない設置は避けるようになるが、初期や、2~3歳の模倣、異年齢混合等の活動は、とくに留意が必要。

(3) “転落”の防止

◎例

・積み上げた遊具の上から、または崩れと共に落下しないようにする。

ジャングルジムに板を乗せて上がる、という活動も上部は危険です。

可動遊具は120cmの高さですが、それでも留意を要する場合があります。

積み方の安全度は保育士も観察を続けることで、子どもの動きが事前につかめるようになってきます。

これはコワイ! 禁止すべきか迷う保育士

あ　と　が　き

6年間の実践の結果、いろいろな変化が現れました。
考案し、導入した遊具によるけが（受診を要した）は、さいわい一件も起こりませんでした。

Ⅰ　三つの目的の達成度

〔第一の目的　固定遊具の工夫〕

完全に安全化することは無理でした。しかし、一つの遊具がいくとおりにも変化し、子どもたちは今までより新鮮な気持ちでよく遊べたと思います。工夫の余地はまだありそうな気がしています。

〔第二の目的　遊具の取り合いをなくす〕

転園してきた子が、「三輪車があいていて、いつも乗れるからこの園は好き」と言ってくれました。多種多数の遊具があるおかげです。

〔第三の目的　創造性のある小集団遊びが続くこと〕

一つの遊びの継続時間を計るのは無理でした。
しかし、庭遊びを始めれば9時前から昼食まで続き、この時間帯を平均して2歳児以上の60～70％が外に出ていました（室内外の遊びの選択は子どもの自由）。
10時30分～11時の時間が一番盛り上がり、そのとき多くの子どもの声が不思議に静かになるのです。これは見学の方々の観察、感想です。

Ⅱ　その他の変化

〔社会性の育ち〕

創造の過程で、みんなが自然に小集団（平均3.6人）となり、一人遊びは毎回1～2人しかいないという観察結果となりました（95～98年　安全学会・保育学会発表）。

〔創造性の発揮〕

可動遊具がこの役割を果たしました。遊具を選ぶ、置き場所を選ぶ、平面、立体と、いろいろな形に置いてみる、規模を決めるなど、考えながら長い時間かかって、自分たちの好きな“遊び場所作り”から、毎日の遊びが始まっていきました。

〔身体多機能の発達〕

運ぶ、降ろす、かつぐ、支えるなどの複雑な活動が加わりました。

Ⅲ　わかってきた可動遊具の効果

〔情緒の受け止めにも役立った〕

クッション築山、だっこおばちゃん、なわぶらんこなどにすり寄る子を見て、今まで庭にやわらかいものがなかったことに、はじめて気づきました。 よかった！

〔もっとも活力的遊びをする年齢層〕

・1歳児後半から2歳児前半まで——動かす、運ぶ、並べる。創造物は作れないが、力をありったけ出して移動させることが好き。
・2歳児後半から4歳児前半まで——創造物を創り出すことができるようになり、豊富なイメージで遊びまくる。

〔可動遊具はせまい庭にマッチする〕

・子どもたちは、空いている場所をちゃんと選んで遊具を運び、お店を開くので、庭の真ん中、ひょろ長い空間と、どこでも遊べる。

〔保育士の評価が高い〕

・99年度、100余名の保育士による遊具評価は、固定設置遊具を抜いて、可動遊具がだんぜん一位でした（2000年保育学会発表）。
（評価項目①身体活動②安全性③おもしろさ④社会性⑤創造性）

Ⅳ　課題

・この本で試みた遊具環境に対するご意見を広く傾聴し、観察・実践をさらに続けていくこと
・新しい可動、固定遊具の考案と導入を試みていくこと
・その他

私の実践は、園庭環境と遊びの領域のほんの一部と思います。皆様からさらに多くのご指導やご意見、工夫談などをお寄せくださることをお待ちしています。
また、遊具を作る際に、わからないことがありましたら、いつでもお気楽にご相談ください。現場へ出向いてアドバイスも行なっています。
「保育園が好きなので、この仕事をしている」という、サンパティックカフェの藤崎さよりさんの強い後押しをいただいて、この本が出版されたことを、感謝とともにお伝えします。

2000年４月

著者

■遊具の取扱先■

㈱トーホ 〒169-0075 東京都新宿区高田馬場1-22-7 高田馬場富士ビル3階 TEL 03-5155-6861 FAX 03-5155-6862

トムテ 〒157-0062 東京都世田谷区南烏山1-4-12 TEL 03-3302-7136

■製品■

・安全なわぶらんこ（小）NO.1 鉄棒用長さ70——80㎝ 棒の高さ地上95㎝——115㎝

・安全なわぶらんこ（大）NO.2 長さ145㎝ 支柱の高さ地上２ｍ

・安全なわぶらんこ（大）NO.3 長さ160㎝ 支柱の高さ地上2.2ｍ

■大きい遊具等の入手先その他の照会■

東間掬子のホームページをご覧ください。

◇著者紹介◇

東間掬子（とうま　きくこ）

1962年　白梅学園短期大学保育科卒
1965年　明治学院大学社会学科卒
1963年　東京都杉並区立保育園に勤務
1981年　園庭遊具の研究を学会に発表。以後継続して研究成果を発表
1996年　杉並区井草保育園園長を最後に退職
2002年より国土交通省遊具検討委員等を経て
現在は遊びの環境づくりデザインおよびアドバイザー
日本保育学会、日本児童安全学会会員

著書等
『保育研究の視点と方法』田中未来編著（分担執筆）川島書店　1994年
『子どもの安全』日本児童安全学会（分担執筆）ぎょうせい　1994年
『あなたが変える室内遊び』サンパティック・カフェ　2004年

連絡先／照会先　〒177-0035
東京都練馬区南田中２-５-20
TEL&FAX：03-3997-3184
E-mail　touma@mdn.ne.jp
ホームページ：http://www.mdn.ne.jp/~touma

本書中の遊具について商品化する場合は事前に権利者当方までご連絡ください

あなたが変える庭遊び
——創造性はぐくむ園庭遊具——

2000年６月30日　初版発行
2011年３月20日　第６刷発行

著　者　東間掬子
発行者　藤崎さより

発行所　（株）サンパティック・カフェ
〒359-0042　埼玉県所沢市並木7-1-13-102
TEL　04-2937-6660
FAX　04-2937-6661
E-mail:sympa@z.pekori.jp

発売元　（株）星雲社
〒112-0012　東京都文京区大塚3-21-10
TEL　03-3947-1021
FAX　03-3947-1617

印刷・製本　シナノ印刷
＊落丁本、乱丁本はお取替えいたします。